Katja Schlottke

Veränd

entfalt

KATJA SCHLOTTKE

Dieses Buch nimmt dich mit auf eine transformative Reise, bei der du lernst, die wahre Kraft deiner Gedanken, deines Herzens und deiner inneren Frequenz zu nutzen. Es gibt neueste wissenschaftliche Erkenntnisse mit tiefgehenden, oft verborgenen Techniken wie dem Schattentanz, der Revisionstechnik und dem Zukunftskreis, um dein altes ICH loszulassen und dein neues SEIN zu entfalten.

Entdecke, wie dein Herz mehr Signale an dein Gehirn sendet als umgekehrt und wie dies dein Denken, Fühlen und Handeln beeinflusst. Erlerne die Kunst der Gedankenhygiene – denn während du deine Kleidung wäschst, dein Handy auflädst und dein Auto tankst, bleiben deine Gedanken oft ungepflegt. Mit diesem Buch wirst du die Tools in die Hand bekommen, um dein Leben in eine Richtung zu lenken, die von Fülle, Klarheit und positiver Energie erfüllt ist.

Bist du bereit, dein neues SEIN zu entfalten?

Impressum

© 2024 Katja Schlottke

www.katja-schlottke.de

Verlag: BoD · Books on Demand GmbH, In de Tarpen 42,
22848 Norderstedt

Druck: Libri Plureos GmbH, Friedensallee 273, 22763 Hamburg

ISBN: 978-3-7693-1319-2

Inhaltsverzeichnis

Vorwort: Der Bannister-Effekt – Die Kraft der Gedankenfrequenz

Am 6. Mai 1954 steht die Welt still. Ein junger Medizinstudent namens Sir Roger Bannister sollte an diesem Tag Sportgeschichte schreiben und die Grenzen des menschlichen Potenzials sprengen. Bannister brach als erster Mensch die magische Vier-Minuten-Marke für die englische Meile (1.609 km) und bewältigte die Strecke in 3 Minuten und 59,4 Sekunden. Diese Leistung mag aus heutiger Sicht keine Sensation mehr sein, doch damals galt sie als physisch unmöglich. Ärzte und Experten waren sich einig: Der menschliche Körper sei schlichtweg nicht in der Lage, eine derartige Geschwindigkeit über eine so lange Strecke aufrechtzuerhalten. Doch Bannister bewies das Gegenteil.

Warum war sein Erfolg so bahnbrechend? Was machte ihn zu einem Vorreiter, während alle anderen Läufer vor ihm an der unsichtbaren „Vier-Minuten-Wand" scheiterten? Die Antwort liegt nicht nur in seiner körperlichen Fitness, sondern in etwas viel Tieferem – in seiner Gedankenfrequenz, in der Kraft seines Geistes.

Bis zu diesem Zeitpunkt wurde die Grenze von vier Minuten nicht nur als eine physische, sondern auch als eine mentale Barriere betrachtet. Über viele Jahre hinweg hatten sich die Läufer und ihre Trainer in den Kopf gesetzt, dass eine Meile unter vier Minuten schlichtweg unerreichbar sei. Es war zu einer fest verankerten Überzeugung geworden, einer gedanklichen Schranke, die niemand zu überwinden wagte. Doch Bannister, ein Mann der Wissenschaft und des Geistes, dachte anders. Er glaubte nicht an diese Einschränkungen. Für ihn war es eine Herausforderung, die es zu meistern galt – nicht nur mit dem Körper, sondern vor allem mit der Kraft seiner Gedanken.

Bannister wusste, dass der Schlüssel zum Erfolg nicht allein im physischen Training lag. Während andere Athleten unermüdlich ihre Runden auf der Laufbahn drehten, bereitete er sich auf eine ganz andere Weise vor: Er trainierte seinen Geist. Er visualisierte immer und immer wieder, wie er die Ziellinie unter vier Minuten erreichte. In seinem Kopf malte er sich das Gefühl aus, den Durchbruch zu schaffen, das Rauschen des Publikums, die Euphorie des Erfolgs. Bannister konzentrierte seine Gedanken auf sein Ziel mit einer so intensiven Frequenz, dass es für ihn zur Realität wurde, noch bevor er überhaupt auf der Laufbahn stand.

Und dann geschah das Wunder: An einem windigen Frühlingstag in Oxford gelang es ihm, was zuvor für unmöglich gehalten wurde. Bannister durchbrach die Vier-Minuten-Grenze und als er die Ziellinie überquerte, zerbrach er nicht nur einen Rekord, sondern auch die mentale Barriere einer ganzen Generation. Was besonders bemerkenswert war: Nur 46 Tage nach seinem Durchbruch gelang es einem weiteren Läufer, John Landy, ebenfalls unter vier Minuten zu bleiben. In den Jahren darauf schafften es immer mehr Sportler, die bis dahin unüberwindbare Grenze zu durchbrechen. Was hatte sich verändert? Nicht die Physiologie der Athleten, sondern ihre Überzeugungen.

Dieser Moment ging als der „Bannister-Effekt" in die Geschichte ein. Bannister bewies, dass mentale Barrieren weitaus mächtiger sind als physische Grenzen. In dem Augenblick, als die Welt erkannte, dass die Vier-Minuten-Marke durchbrochen werden konnte, veränderte sich die Gedankenfrequenz einer ganzen Generation von Sportlern. Die Überzeugung, dass es möglich war, war plötzlich fest verankert und die Körper der Athleten passten sich dieser neuen Realität an.

In diesem Buch geht es genau darum: Die Kraft der Gedankenfrequenz und wie sie dein Leben verändern kann. Der Bannister-Effekt zeigt uns, dass der erste Schritt zu wahrer Veränderung nicht im Außen, sondern in unserem Inneren beginnt. Wenn wir unsere Gedanken auf das ausrichten, was wir für möglich halten und diese Überzeugungen konsequent bestärken, können wir selbst das scheinbar Unmögliche erreichen.

Ich lade dich ein, auf eine Reise zu gehen – eine Reise, die über die Grenzen des Gewöhnlichen hinausgeht und dir zeigt, wie du deine Gedankenfrequenz nutzen kannst, um dein volles Potenzial zu entfalten.

Kapitel 1: Die Gedankenfrequenz – Der Schlüssel zur Realität

Der unsichtbare Taktgeber unseres Lebens

Alles, was wir erleben, alles, was wir tun und fühlen, beginnt mit einem Gedanken. Wir denken, wir handeln, wir schaffen – und doch schenken wir dem Ursprung all dessen oft kaum Beachtung. Doch was wäre, wenn ich dir sagen würde, dass unsere Gedanken nicht bloß flüchtige, immaterielle Erscheinungen sind, sondern eine reale, messbare Kraft besitzen? Was wäre, wenn unsere Gedanken nicht nur unser eigenes Leben, sondern die Welt um uns herum gestalten könnten?

Gedankenfrequenz: Was bedeutet das?
Der Begriff „Gedankenfrequenz" beschreibt die Schwingungsebene, auf der sich unsere Gedanken bewegen. Wie alles in unserem Universum besitzen auch Gedanken eine Schwingung – eine Frequenz, die gemessen und beeinflusst werden kann.

Jeder Gedanke, den wir denken, erzeugt eine energetische Schwingung, die mit der Welt um uns herum in Resonanz tritt. Diese Schwingungen sind es, die unsere Realität formt, sei es bewusst oder unbewusst.

Je höher die Frequenz unserer Gedanken, desto positiver, kreativer und motivierender sind sie. Gedanken auf hoher Frequenz bringen Klarheit, Freude und inneren Frieden. Dagegen ziehen Gedanken auf niedrigere Frequenz – wie Sorgen, Zweifel und Ängste – uns herunter, blockieren unser Potenzial und manifestieren sich oft in negativen Lebensumständen.

Die Physiologie der Gedankenfrequenz

Du fragst dich vielleicht, wie etwas so Abstraktes wie ein Gedanke eine messbare Wirkung auf unseren Körper und unsere Umgebung haben kann. Die Antwort liegt in der **Verbindung zwischen Geist und Körper**. Unsere Gedanken erzeugen nicht nur Gefühle, sondern beeinflussen auch unsere körperlichen Funktionen. Jeder Gedanke setzt chemische Prozesse in Gang – sei es die Ausschüttung von Stresshormonen wie Cortisol oder die Freisetzung von Glückshormonen wie Serotonin und Dopamin.

Unser Gehirn arbeitet als Sender und Empfänger, der ständig Schwingungen aussendet und empfängt. Neurobiologen haben herausgefunden, dass unser Gehirn mit verschiedenen Frequenzen arbeitet, die als Hirnwellen bezeichnet werden: Alpha-, Beta-, Theta- und Delta-Wellen. Diese Frequenzen spiegeln unterschiedliche Bewusstseinszustände wider, von tiefer Entspannung bis zu fokussierter Konzentration. Gedanken mit hoher Frequenz aktivieren das präfrontale Kortex, das mit Kreativität, Problemlösung und positiver Stimmung in Verbindung steht.

Dagegen können Gedanken auf niedrigerer Frequenz unseres limbischen Systems, den Sitz unserer Emotionen, überreizen und zu Stress und Ängsten führen.

Die alte Weisheit: Alles ist Schwingung

Die Idee, dass alles im Universum eine Frequenz besitzt, ist keine neue Erkenntnis. Schon vor Jahrhunderten erkannten große Denker und Philosophen wie Pythagoras und Hermes Trismegistos, dass das gesamte Universum auf harmonischen Schwingungen beruht. In der Hermetik heißt es: „Alles ist Schwingung" – eine Erkenntnis, die bis heute Bestand hat.

Auch die moderne Wissenschaft hat bewiesen, dass alles um uns herum – von den kleinsten Atomen bis hin zu gigantischen Galaxien – in einem ständigen Zustand der Schwingung ist. Nikola Tesla, der große Erfinder und Visionär, sagte einst: „Wenn du das Universum verstehen willst, denke in Begriffen von Energie, Frequenz und Schwingung." Diese Erkenntnisse sind heute Grundlage für viele wissenschaftliche Disziplinen, von der Quantenphysik bis zur Neurowissenschaft.

Gedanken und Worte: Die Macht der Frequenz

Unsere Gedanken sind nicht nur Energie – sie manifestieren sich auch in unseren Worten und diese Worte tragen ebenfalls eine Frequenz. Worte haben die Macht, zu heilen oder zu verletzen, zu erschaffen oder zu zerstören. Wenn wir über uns selbst oder andere negativ sprechen, senden wir niederfrequente Schwingungen aus, die unser Umfeld als auch uns selbst beeinflussen. Positive Worte können hingegen die Energie anheben und heilende Schwingungen erzeugen.

Dr. Masaru Emoto, ein japanischer Wissenschaftler, führte faszinierende Experimente mit Wasser durch und zeigte, wie Worte und Gedanken die Struktur von Wasserkristallen verändern können. Positive Worte und Gedanken bilden wunderschöne, symmetrische Kristalle, während negative Worte zu verzerrten und chaotischen Strukturen führen. Da unser Körper zu etwa 70 % aus Wasser besteht, wird deutlich, wie tiefgreifend unsere Gedanken und Worte unsere physische Realität beeinflussen können.

Die Gedankenfrequenz und ihre Anwendung

Das Wissen um die Gedankenfrequenz ist kein "esoterisches" Geheimnis, sondern eine bewährte Methode, um das eigene Leben aktiv zu gestalten. Es geht darum, sich den eigenen Gedanken bewusst zu werden und gezielt höhere Frequenzen zu wählen. Durch Meditation, Affirmationen und Visualisierung können wir unsere Gedanken gezielt in positive Bahnen lenken und so unsere Realität verändern. Wenn wir lernen, die Frequenz unserer Gedanken zu erhöhen, können wir uns von alten, blockierenden Mustern befreien und unser Leben in eine neue Richtung lenken.

In diesem Buch wirst du entdecken, wie du die Macht deiner Gedanken nutzen kannst, um deine eigenen Grenzen zu durchbrechen und eine neue Realität zu erschaffen – so wie Roger Bannister es tat, als er die Vier-Minuten-Meile durchbrach. Die Gedankenfrequenz ist der Schlüssel zu persönlichem Wachstum, Heilung und Transformation. Sobald du diesen Schlüssel nutzt, wirst du erkennen, dass die Grenzen, die du in deinem Leben siehst, oft nur in deinem eigenen Geist existieren.

Im nächsten Kapitel werden wir tiefer in die Wissenschaft und Praxis der Gedankenfrequenz eintauchen und herausfinden, wie du dieses Wissen nutzen kannst, um deine Ziele zu erreichen und dein Leben zu verändern.

Kapitel 2: Die Wissenschaft der Gedankenfrequenz – Dein Leben verändert sich, sobald du es zulässt

Stell dir vor, du wachst morgens auf. Die Sonne scheint, ein neuer Tag beginnt. Noch bevor du die Augen vollständig öffnest, schießt dir schon der erste Gedanke durch den Kopf. Vielleicht ist es ein Gedanke an den bevorstehenden Tag, an eine Aufgabe, die dir schwer im Magen liegt, oder an eine Freude, die auf dich wartet. Egal was es ist – dieser Gedanke hat eine Frequenz. Er schwingt auf einer bestimmten Ebene und von dieser Schwingung hängt ab, wie du dich fühlst, wie du dich verhältst und letztlich, wie dein Tag verlaufen wird. Und das schon morgens im Bett.

Gedanken sind keine bloßen Hirngespinste. Sie sind Energie. Diese Energie strömt nicht nur durch deinen Kopf – sie beeinflusst deinen Körper, dein Umfeld und alles, was du anziehst oder abstößt. Das ist keine Magie, keine „Woo-Woo"-Esoterik. Es ist Wissenschaft. Und je mehr du dich mit dieser Tatsache vertraut machst, desto kraftvoller wird dein Leben.

Der energetische Code hinter deinen Gedanken
Hast du schon einmal das Gefühl gehabt, dass dir an manchen Tagen alles gelingt? An anderen Tagen scheint es jedoch einfach nichts zu klappen, egal wie sehr du dich bemühst? Das liegt nicht an den Sternen, am Wetter oder an deinem Glück. Es liegt an der Frequenz, auf der deine Gedanken an diesem Tag schwingen.

Lass uns Klartext reden: Deine Gedanken haben eine messbare, reale Wirkung auf deine physische Realität. Dein Gehirn ist ein biologischer Supercomputer, der ständig elektrische Impulse erzeugt. Diese Impulse, deine Gedanken, senden Schwingungen aus, die weit über deinen Körper hinausgehen. Sie breiten sich aus wie Wellen im Ozean – und genau wie bei einem Stein, der ins Wasser fällt, beeinflusst die Intensität dieser Wellen alles, was sie berührt.

Die Wissenschaft nennt diese Schwingungen Hirnwellen. Je nachdem, ob du gerade in einem entspannten Zustand oder hochkonzentriert bist, sendet dein Gehirn unterschiedliche Frequenzen aus:

- Apha-Wellen (8-13 Hz) : Entspannung, kreative Gedanken, innere Ruhe.
- Beta-Wellen (13-30 Hz) : Wachzustand, aktives Denken, Konzentration.
- Theta-Wellen (4-8 Hz) : Meditation, tiefe Entspannung, Intuition.
- Delta-Wellen (0,5-4 Hz) : Tiefschlaf, Heilung, Regeneration.

Wenn du gestresst bist, sprichst du mit dir selbst in einer inneren Frequenz, die eng mit den Beta-Wellen verbunden ist. Diese Gedanken sind oft hektisch, chaotisch und voller „Was wäre wenn"-Szenarien. Wenn du hingegen in einem entspannten Zustand meditierst oder einfach bewusst atmest, senkst du deine Gedankenfrequenz und gelangst in den Alpha- oder Theta-Bereich. Das ist der Raum, in dem dein innerer Kritiker verstummt und dein kreatives Potenzial erwacht.

Alles ist Schwingung: Die alte Weisheit, die wir vergessen haben

Bevor die Wissenschaft sich für Gedankenfrequenzen interessierte, wussten die alten Meister bereits, dass alles im Universum Schwingung ist. In der Hermetik, einer uralten Lehre, heißt es: „Wie oben, so unten; wie innen, so außen." Was bedeutet das? Ganz einfach: Die Frequenz deiner Gedanken beeinflusst deine äußere Welt, genauso wie die Schwingung der äußeren Welt deine Gedanken beeinflusst. Schon die alten Griechen, darunter Pythagoras, wussten um die Macht der Schwingung. Pythagoras entdeckte, dass Musik nicht nur den Geist beruhigen kann, sondern auch die Zellstruktur des Körpers positiv beeinflusst. Was ist Musik anderes als eine Schwingung, die durch die Luft getragen wird? Unsere Gedanken sind wie eine innere Melodie – und du hast die Macht, die Töne zu wählen, die du spielst.

Dein Körper hört zu: Wie Gedanken deine Physiologie beeinflussen

Vielleicht fragst du dich jetzt: „Okay, Gedanken sind Schwingungen. Aber was hat das mit meinem Körper zu tun?" Die Antwort ist: Alles. Deine Gedanken sind der Dirigent deines körperlichen Orchesters. Wenn du denkst, dass du nicht gut genug bist, dass du scheitern wirst, dass niemand dich liebt – dann hört dein Körper zu. Deine Zellen, deine Organe, dein Herz – sie alle reagieren auf die Frequenz, die du ausstrahlst.

In jeder Sekunde produzierst du - deine Gedanken chemische Reaktionen.

Wenn du positive, aufbauende Gedanken hast, wird Dopamin freigesetzt, das „Glückshormon", das dir ein Gefühl von Freude und Motivation gibt. Wenn du jedoch in negativen Gedankenspiralen feststeckst, produziert dein Körper vermehrt Cortisol – das Stresshormon, das langfristig deine Gesundheit schädigen kann.

Forschungen haben gezeigt, dass Menschen, die regelmäßig meditieren und sich ihrer Gedanken bewusst sind, nicht nur gesünder sind, sondern auch ein höheres Wohlbefinden und eine längere Lebensdauer haben. Gedanken sind auch weit mehr als flüchtige Geistesblitze. Sie sind der Schlüssel zu deiner Gesundheit, deiner Energie und letztendlich zu deinem Glück.

Worte haben Macht: Wie deine Gedanken zur Realität werden

Lass uns hier noch einen Schritt weitergehen. Gedanken sind kraftvoll – doch sobald sie in Worte gefasst werden, multipliziert sich ihre Energie. Worte sind die Manifestation deiner inneren Schwingungen. Wenn du auch ständig negativ über dich selbst sprichst („Ich kann das nicht", „Ich bin nicht gut genug", „Ich werde niemals erfolgreich sein", "Mein Gott, bin ich blöd"), dann manifestierst du genau diese Realität. Auch wenn Du sowas nur im Spaß sagst.

Denke an die Experimente von Dr. Masaru Emoto, dem japanischen Wissenschaftler, der zeigte, dass Worte die Struktur von Wasserkristallen verändern können. Positive Worte bilden wunderschöne, symmetrische Kristalle; Negative Worte führen zu verzerrten und chaotischen Strukturen. Und wenn du bedenkst, dass dein Körper zu rund 70 % aus Wasser besteht – was meinst du, wie deine Worte und Gedanken dein eigenes Wohlbefinden beeinflussen?

Die Macht der Frequenz in deinem Alltag

Jetzt, da du verstehst, dass Gedanken und Worte echte Frequenzen sind, die dein Leben formen – was wirst du tun? Es geht nicht darum, jeden negativen Gedanken zu vermeiden. Das ist unmöglich. Es geht darum, bewusst zu wählen, worauf du deinen Fokus legst.

Negative Gedanken zu erkennen und zu transformieren.

Hier sind schon mal ein paar einfache, aber kraftvolle Werkzeuge, die du sofort in deinem Alltag anwenden kannst, um deine Gedankenfrequenz zu erhöhen:

1. Morgens bewusste Gedanken setzen: Beginne schon an der Bettkante deinen Tag mit positiven Affirmationen, dann mit einer kurzen Meditation, um deine Gedanken auf die Frequenz einzustellen, die du für den Tag brauchst.

2. Achtsame Atmung: Immer wenn du merkst, dass du in eine negative Gedankenspirale gerätst, halte inne und atme tief durch. Bewusste Atmung kann deine Hirnwellen sofort beruhigen und dich in einen entspannten Zustand bringen. Ich habe das früher, wie ein Sportler, jede Stunde praktiziert und geübt.

3. Dankbarkeit praktizieren: Schreibe jeden Abend drei Dinge auf, für die du dankbar bist. Dankbarkeit erhöht nachweislich deine Schwingung und hilft dir, positive Gedankenmuster zu etablieren. Seit Jahren schreibe ich jeden Abend in mein Jahresbüchlein.... Mein schönstes Erlebnis war....

4. Positive Worte verwenden: Achte darauf, wie du mit dir selbst sprichst. Worte wie „Ich bin kraftvoll", „Ich bin stark" und „Ich schaffe das" verändern deine innere Frequenz und erschaffen eine Realität, die mit diesen positiven Überzeugungen übereinstimmt.

Du hast jetzt die ersten Werkzeuge und das Wissen, deine Gedankenfrequenz zu nutzen, um dein Leben zu verändern. Im nächsten Kapitel werden wir tiefer eintauchen und konkrete Techniken erkunden, mit denen du die Frequenz deiner Gedanken bewusst steuern kannst. Denn eins ist sicher: Dein Leben beginnt sich zu ändern, sobald du dich entscheidest, deine Gedankenfrequenz zu erhöhen.

Der Schlüssel zur Veränderung: Gedankenfrequenz in Einklang bringen

Ich weiß, das alles klingt vielleicht zunächst überwältigend. Doch hier ist die gute Nachricht: Du hast die Kontrolle über deine Gedanken. Du hast die Macht, die Frequenz deiner Gedanken zu verändern und damit dein Leben neu zu gestalten. Die Übungen, die du im letzten Abschnitt kennengelernt hast, sind einfache, aber effektive Werkzeuge, um dich selbst in eine höhere Schwingung zu bringen. Doch es gibt dabei eine wichtige Bedingung, die du nicht übersehen darfst.

Affirmationen funktionieren nur dann wirklich, wenn sie authentisch sind, wenn sie mit deinem Herzen im Einklang stehen. Du kannst dir zehnmal am Tag vor den Spiegel stellen und sagen: „Ich bin reich und erfolgreich." Aber wenn dein Herz das nicht fühlt, wenn es in deinem Inneren Zweifel und Widerstände gibt, dann sendest du widersprüchliche Signale aus. Dein Verstand mag auf einer Ebene schwingen, aber dein Herz zieht in eine andere Richtung – und das blockiert den Fluss der Energie.

Genau hier kommt die Herz-Hirn-Kohärenz ins Spiel. Das Herz besitzt sein eigenes elektromagnetisches Feld, das sogar um das 6.000-fache stärker ist als das des Gehirns. Wenn dein Herz und dein Verstand im Einklang sind, wenn die Schwingungen beider Systeme synchronisiert sind, dann entsteht eine kohärente Frequenz, die eine immense Kraft hat. Diese Kohärenz ist der wahre Schlüssel, um deine Gedanken und Worte in eine Realität zu verwandeln, die dir entspricht.

Doch wie du die Herz-Hirn-Kohärenz in dein Leben integrieren kannst, wie du die Verbindung zwischen Kopf und Herz stärkst, sodass sie im Einklang schwingen und dich mit voller Kraft voranbringen – darauf werden wir später noch ausführlich eingehen.
Jetzt weißt du: Deine Gedanken haben eine Frequenz, sie haben Macht. Doch wenn sie nicht vom Herzen getragen werden, bleiben sie nur flüchtige Impulse, die im Nichts verhallen. Die wahre Veränderung beginnt, wenn dein Verstand und dein Herz sich auf dieselbe Frequenz einstellen. Und genau das werden wir gemeinsam erkunden. Bleib neugierig, denn es wird noch viel tiefer gehen.

Jetzt ist es an der Zeit, weiterzugehen. Denn das Abenteuer hat gerade erst begonnen.

Kapitel 3: Die Herz-Hirn-Kohärenz – Wie du Verstand und Herz in Einklang bringt

Jetzt, da du die Grundlage der Gedankenfrequenz und ihre Auswirkungen auf dein Leben verstanden hast, wäre es sinnvoll, tiefer in das Konzept der Herz-Hirn-Kohärenz einzutauchen. Hier könnten wir erklären, warum das Herz eine ebenso wichtige Rolle spielt wie der Verstand und wie wir beides in Einklang bringen können, um maximale Ergebnisse zu erzielen.

Die Wissenschaft hinter der Herz-Hirn-Kohärenz

Stell dir das einmal vor: In deiner Brust schlägt ein kraftvolles Organ, das mehr ist als nur eine Pumpe, die Blut durch deinen Körper treibt. Dein Herz besitzt seine eigene Intelligenz, seine eigene Frequenz und es kommuniziert ununterbrochen mit deinem Gehirn. Diese Kommunikation ist nicht einfach nur ein Nebenprodukt deiner Lebensfunktionen – sie ist der Schlüssel zu einem erfüllten, harmonischen Leben. Das ist die Herz-Hirn-Kohärenz, ein Zustand, in dem dein Verstand und dein Herz auf derselben Frequenz schwingen.

Vielleicht denkst du: „Was hat mein Herz denn mit meinen Gedanken zu tun?" Viel mehr, als du vielleicht ahnst. Die Wissenschaft hat in den letzten Jahrzehnten Erstaunliches entdeckt, was die traditionelle Vorstellung, dass der Verstand die zentrale Steuerungszentrale des Körpers ist, völlig auf den Kopf stellt.

Das Herz als Zentrum unserer emotionalen Intelligenz

Das Herz ist nicht nur ein Muskel, der Blut pumpt. Es ist ein Organ mit einem eigenen neuronalen Netzwerk, das so komplex ist, dass Wissenschaftler es als „kleines Gehirn" bezeichnen. Dieses Netzwerk umfasst etwa 40.000 Nervenzellen, die eigenständig Informationen empfangen, verarbeiten und an das Gehirn weiterleiten können. Ja, du hast richtig gelesen: Dein Herz sendet mehr Signale an dein Gehirn als umgekehrt. Diese Signale beeinflussen, wie du denkst, wie du fühlst und wie du reagierst.

Forschungen des HeartMath Institute, einer führenden Forschungseinrichtung auf dem Gebiet der Herz-Hirn-Kohärenz, haben gezeigt, dass das Herz ein elektromagnetisches Feld erzeugt, das bis zu 6.000 Mal stärker ist als das Gehirn. Dieses Feld verändert sich in Abhängigkeit von deinen Gefühlen. Positive Emotionen wie Liebe, Dankbarkeit und Freude erzeugen harmonische, geordnete Muster im Herzrhythmus.
Negative Emotionen wie Stress, Angst und Wut führen jedoch zu chaotischen, unregelmäßigen Mustern.

Herz-Hirn-Kohärenz: Was bedeutet das konkret?

Stell dir vor, du hörst ein Orchester. Wenn alle Instrumente in perfekter Harmonie spielen, entsteht ein wunderschöner Klang. Doch wenn ein Musiker aus dem Takt gerät, wird der Klang chaotisch und disharmonisch.
Ähnlich verhält es sich mit deinem Körper. In einem Zustand der Herz-Hirn-Kohärenz schwingen dein Herz und dein Gehirn in perfekter Harmonie miteinander.

Das Ergebnis? Dein Körper funktioniert optimal, deine Gedanken sind klar ausgeglichen und du fühlst dich emotional kraftvoll, freudig, motiviert und glücklich.

Studien haben gezeigt, dass Menschen in einem kohärenten Zustand höhere Leistungsfähigkeit, bessere emotionale Stabilität und eine verbesserte Widerstandsfähigkeit gegen Stress erleben. Ihr Körper schüttet weniger Stresshormone wie Cortisol aus und produziert stattdessen mehr DHEA – ein „Verjüngungshormon", das den Alterungsprozess verlangsamt und Ihr Immunsystem stärkt.

Was passiert im Zustand der Kohärenz?
- Dein Körper ist besser in der Lage, sich selbst zu heilen.
- Du fühlst dich zentriert und fokussiert, auch in herausfordernden Situationen.
- Deine Kreativität und Problemlösungsfähigkeiten steigen.
- Du erreichst eine tiefere emotionale Balance und Resilienz.

Die Rolle der Emotionen in der Herz-Hirn-Kommunikation
Hier kommt eine spannende Erkenntnis ins Spiel: Deine Gefühle beeinflussen direkt, wie dein Herz schlägt. Wenn du gestresst, wütend oder ängstlich bist, reagiert dein Herz sofort darauf. Diese chaotischen Herzrhythmen senden Signale an dein Gehirn, die deine Denkprozesse stören.
Das ist der Grund, warum du in stressigen Situationen manchmal nicht klar denken kannst oder das Gefühl hast, die Kontrolle zu verlieren. Und - Emotionen überlagern die Intelligenz. Wenn du dagegen positive Emotionen wie Liebe, Dankbarkeit oder Freude fühlst, verlangsamt sich dein Herzrhythmus und es entsteht eine harmonische, kohärente Schwingung.

Diese harmonischen Signale beruhigen Dein Gehirn und bringen es in einen Zustand der Klarheit und Ruhe. Dein Körper beginnt, Oxytocin, das „Kuschel- und Bindungshormon", auszuschütten, das dir ein Gefühl der Verbundenheit und Zufriedenheit gibt.

Diese Erkenntnisse bedeuten, dass du durch die bewusste Steuerung deiner Emotionen deinen gesamten physiologischen Zustand verändern kannst. Deine Herzfrequenz wird ruhiger, dein Gehirn wird leistungsfähiger und dein Körper funktioniert besser. Du fühlst dich nicht nur mental klarer, sondern auch körperlich energiegeladener.

Die Macht der Herz-Hirn-Kohärenz im Alltag

Warum ist das so wichtig? Weil wir in einer Welt leben, die uns ständig herausfordert, ablenkt und unter Druck setzt. Doch wenn du lernst, dein Herz und deinen Verstand in Einklang zu bringen, kannst du diese äußeren Einflüsse viel besser bewältigen. Stell dir vor, wie es sich anfühlt, wenn du trotz aller Hektik um dich herum ruhig und zentriert bleibst – wenn du dir sicher bist, dass du die Kontrolle über deine Gedanken und Emotionen hast.

Die Herz-Hirn-Kohärenz ist der Schlüssel zu dieser inneren Ruhe. Indem du deinen Geist und dein Herz synchronisierst, öffnest du die Tür zu einem Leben voller Klarheit, Kreativität und Wohlbefinden.

Doch wie genau kannst du diese Kohärenz in deinem eigenen Leben herstellen? Welche Techniken und Übungen helfen dir dabei, deinen Herzrhythmus zu harmonisieren und eine starke Verbindung zwischen Herz und Gehirn zu schaffen?

Darauf werden wir im nächsten Abschnitt weiter eingehen. Du wirst lernen, wie du durch einfache Atemtechniken und Meditationen eine tiefe, kraftvolle Kohärenz zwischen deinem Herzen und deinem Verstand erreichst. Denn die wahre Transformation beginnt nicht im Kopf allein – sie beginnt im Einklang von Herz und Verstand.

Lass uns gemeinsam entdecken, wie du dein Leben auf eine Frequenz bringen kannst – eine, die deinem höheren innersten Potenzial entspricht.

Die Rolle der Emotionen – Wie du mit deinen Gefühlen deine Herz-Hirn-Kohärenz steigerst

Jetzt, da du verstehst, wie wichtig die Herz-Hirn-Kohärenz ist und welche Wissenschaft dahintersteckt, lass uns noch tiefer eintauchen. Wir müssen verstehen, dass unser Herz nicht nur physisch schlägt – es schwingt im Takt deiner Emotionen. Wenn wir lernen, diese Emotionen zu steuern und zu regulieren, können wir unsere gesamte Schwingungsebene verändern. Das bringt nicht nur mehr inneren Frieden, sondern erhöht auch unsere körperliche Gesundheit und unser Wohlbefinden.

Emotionen sind Energie – und Energie kann gelenkt werden

Stell dir deine Emotionen wie Wellen im Ozean vor. Du kannst nicht verhindern, dass die Wellen kommen, aber du kannst lernen, wie du sie reitest und ihre Energie für dich nutzen kannst. Gefühle sind nichts anderes als Energie in Bewegung. Das Wort „Emotion" kommt aus dem lateinischen „emovere", was so viel wie „herausbewegen" bedeutet. Deine Gefühle bewegen dich – sie beeinflussen dein Denken, dein Handeln und sogar deine Physiologie.

Aber hier ist der entscheidende Punkt: Du hast die Macht, diese Energie zu lenken. Du musst nicht hilflos den aufbrausenden Stürmen deiner negativen Emotionen ausgeliefert sein. Stattdessen kannst du lernen, diese Emotionen so zu transformieren, dass sie dich unterstützen, anstatt dich zu behindern. Und genau hier spielt die Herz-Hirn-Kohärenz eine entscheidende Rolle.

Warum Dankbarkeit, Mitgefühl und Freude dein Herz in Einklang bringen

Emotionen wie Freude, Liebe und Dankbarkeit haben eine ganz besondere Schwingung. Sie erzeugen nicht nur ein angenehmes Gefühl in deinem Herzen, sondern sie harmonisieren deinen Herzschlag und bringen dein Herz und dein Gehirn in Einklang.

Wissenschaftliche Studien haben gezeigt, dass positive Emotionen die Herzfrequenzvariabilität verbessern, was ein Zeichen für eine bessere Gesundheit und eine höhere Widerstandsfähigkeit gegenüber Stress ist.

Warum sind diese positiven Emotionen so kraftvoll? Wenn du Dankbarkeit empfindest, löst das eine Kaskade positiver biochemischer Reaktionen in deinem Körper aus. Dein Gehirn setzt Endorphine und Oxytocin frei, die „Wohlfühlhormone", die dich entspannter, glücklicher und stärker machen. Diese Emotionen bringen dein Herz in einen Zustand der Kohärenz, wodurch dein Gehirn klarer denken kann.

Im Gegensatz dazu erzeugen negative Emotionen wie Wut, Angst und Sorgen chaotische Muster in deinem Herzrhythmus. Diese unregelmäßigen Muster stören die Kommunikation zwischen deinem Herzen und deinem Gehirn. Das ist der Grund, warum du in stressigen Situationen oft das Gefühl hast, „neben dir zu stehen" oder „den Überblick zu verlieren". Dein Körper wird in einen Überlebensmodus versetzt, was deinen Zugang zu kreativen Lösungen blockiert.

Praktische Übungen, um deine Emotionen bewusst zu steuern

Jetzt fragst du dich vielleicht: „Das klingt gut, aber wie kann ich das konkret umsetzen?" Wie kann ich meine Emotionen so steuern, dass sie mir dienen?" Hier kommen einige kraftvolle Techniken, die du sofort in deinem Alltag nutzen kannst, um dein Herz in Einklang mit deinem Verstand zu bringen.

Übung 1: Die „Herz-Atmung" für schnelle Kohärenz

Diese Technik stammt aus den Forschungen des HeartMath Institute und ist unglaublich effektiv, um deinen Herzrhythmus zu harmonisieren.

- Setze dich bequem hin und schließe die Augen.
- Lege eine Hand auf dein Herz, um deine Aufmerksamkeit dorthin zu lenken.
- Atme langsam und tief ein und aus, als würdest du direkt durch dein Herz atmen. Zähle dabei innerlich bis 5 beim Einatmen und bis 5 beim Ausatmen.
- Konzentriere dich auf ein Gefühl der Dankbarkeit oder eine positive Erinnerung, die dir Freude bereitet. Erlaube dir, dieses Gefühl wirklich zu empfinden.
- Bleibe für 3-5 Minuten in diesem Zustand. Du wirst spüren, wie sich deine innere Spannung löst und dein Geist ruhiger wird.

Diese einfache Übung kann Wunder wirken, besonders wenn du gestresst oder überfordert bist. Sie hilft dir, deinen Herzrhythmus zu beruhigen und die Kohärenz zwischen Herz und Gehirn wiederherzustellen.

Übung 2: Dankbarkeitstagebuch

Dankbarkeit ist, nach der Liebe, eine der kraftvollsten Emotionen, die du fühlen kannst, um deine Schwingung zu erhöhen. Sie versetzt dich in einen Zustand der Fülle und des inneren Friedens.

1. Nimm dir jeden Abend ein paar Minuten Zeit, um drei Dinge aufzuschreiben, für die du an diesem Tag dankbar bist.

2. Versuche, diese Dinge nicht nur oberflächlich aufzuzählen, sondern wirklich in das Gefühl der Dankbarkeit einzutauchen. Schließe die Augen und spüre, wie dein Herz sich wärmer anfühlt, während du diese Dankbarkeit spürst.

3. Mache diese tägliche Routine, um deine Frequenz dauerhaft zu erhöhen.

4. Und schreibe sie in ein Büchlein. Dieses sollte die letzte abendliche Handlung sein, denn deine Amygdala im Gehirn, beschäftigt sich in der Nacht mit dem, was du zuletzt getan hast.

Übung 3: Mitgefühl für dich selbst

Oft sind wir unsere härtesten Kritiker. Doch negative Selbstgespräche senken deine Schwingung und verhindern, dass du in einen Zustand der Herz-Hirn-Kohärenz kommst.

1. Wenn du merkst, dass du dich selbst kritisierst, halte inne und lege eine Hand auf dein Herz.
2. Atme tief ein und frage dich: „ Was würde ich meinem besten Freund in dieser Situation sagen?"
3. Sei freundlich zudir selbst. Sprich dir selbst positive, liebevolle Worte zu. Erinnere dich daran, dass du immer dein Bestes gibst - zu jedem Zeitpunkt. Wenn Du es besser können und wissen würdest, würdest Du es tun. Und so ist es bei jedem Menschen. Erkenne jetzt, dass jeder Mensch, einschließlich Du, immer sein Bestmögliches gibt, denn wenn er es besser können würde, würde er es tun.

Emotionen als Schlüssel zur Transformation

Indem du lernst, deine Emotionen zu steuern, machst du einen gewaltigen Schritt in Richtung eines erfüllteren Lebens. Du kannst das Äußere zwar nicht immer ändern, aber du kannst bewusst wählen, wie du darauf reagierst. Wenn du dich auf positive Emotionen wie Dankbarkeit, Liebe und Freude fokussierst, wirst du feststellen, dass dein Leben leichter, fließender und erfolgreicher wird.

Im nächsten Teil tauchen wir noch tiefer ein, wie du die Herz-Hirn-Kohärenz mit weiteren Techniken und Meditationen vertiefen kannst. Denn letztendlich geht es darum, nicht nur zu wissen, wie mächtig deine Gedanken und Gefühle sind, sondern diese Macht bewusst zu nutzen, um das Leben zu erschaffen, das du dir wünschst.

Bist du bereit, dein Herz und deinen Verstand auf eine höhere Frequenz zu bringen? Dann lass uns weitergehen – denn das Abenteuer deiner Transformation hat gerade erst begonnen.

Praktische Übungen zur Herz-Hirn-Kohärenz – Wie du Verstand und Herz in Einklang bringt

Jetzt, da du ein tieferes Verständnis davon hast, wie deine Gedanken und Emotionen zusammenarbeiten, ist es an der Zeit, praktische Werkzeuge zu erlernen, die dir helfen, deine Herz-Hirn-Kohärenz zu stärken. Diese Techniken gehen über die klassischen Atemübungen hinaus – sie sind kraftvoll, tiefgreifend und dennoch leicht in deinen Alltag integrierbar. Sie helfen dir nicht nur, dein Leben zu transformieren, sondern sie eröffnen dir auch die Möglichkeit, unbegrenztes Potenzial freizusetzen.

Die Macht der Kohärenz durch unkonventionelle Techniken

Bevor wir zu den spezifischen Übungen kommen, möchte ich dir eines klar machen: Die Techniken, die du gleich kennenlernen wirst, sind nicht die üblichen „Tief-durchatmen-und-positiv-denken"-Methoden. Sie gehen tiefer. Es geht nicht darum, das Offensichtliche zu wiederholen, sondern neue Wege zu finden, wie du dein inneres Potenzial anzapfen kannst. Lass uns gemeinsam einen Schritt weitergehen und das Unbekannte erkunden.

Übung 1: Der „Zero Point"-Anker – Die Technik der inneren Stille

In der modernen Physik gibt es das Konzept des „Zero Point Fields", ein Feld unendlicher Energie, das die Grundlage unserer Realität bildet. Dieses Feld repräsentiert einen Zustand absoluter Stille und Potenzialität, in dem alle Möglichkeiten existieren, bevor sie in die Realität umgesetzt werden. Diese Technik nutzt diese Idee, um dich in einen Zustand tieferer Kohärenz zu bringen.

So funktioniert es:

1. Finde einen ruhigen Ort, an dem du ungestört bist. Setze dich bequem hin und schließe die Augen.

2. Stelle dir vor, dass sich tief in deinem Herzen ein „Nullpunkt" befindet – ein Punkt absoluter Stille, an dem kein Gedanke und keine Emotion existiert.

3. Lenke alle deine Aufmerksamkeit auf diesen Punkt. Atme tief ein und stelle dir vor, dass du bei jedem Einatmen mehr in diesen Punkt hineingezogen wirst.

4. Bleibe für 5-10 Minuten in diesem Zustand. Dein Ziel ist es, die absolute Stille zu erreichen – ein Moment, in dem Herz und Verstand in perfekter Harmonie sind und alle äußeren Gedanken verstummen. Bleibe geduldig und Du wirst es schaffen.

Ergebnis: Diese Technik hilft dir, in einem Zustand völliger Kohärenz zu gelangen, in dem du Zugriff auf dein höchstes Potenzial hast. Sie ist besonders wirksam, wenn du vor einer wichtigen Entscheidung stehst oder dich in einer schwierigen Situation befindest. Du wirst feststellen, dass du danach mit erstaunlicher Klarheit und Fokus agierst.

Übung 2: Die „Herzfrequenz-Resonanz" mit Naturgeräuschen

Viele von uns wissen, dass die Natur beruhigend wirkt, aber was, wenn ich dir sage, dass sie auch deine Herzfrequenz in Einklang bringen kann? Die Technik, die du gleich lernst, nutzt natürliche Geräusche und Schwingungen, um deine Herz-Hirn-Kohärenz zu verstärken.

So geht's:

1. Suche dir eine Aufnahme von Naturgeräuschen, idealerweise mit konstanten Frequenzen, wie z. B. das gleichmäßige Rauschen von Meereswellen oder das Geräusch eines plätschernden Baches.

2. Setze dich entspannt hin, schließe die Augen und beginne, in deinem eigenen Rhythmus zu atmen.

3. Konzentriere dich darauf, deinen Herzschlag mit dem Rhythmus der Naturgeräusche zu synchronisieren. Stelle dir vor, dass dein Herz wie eine Stimmgabel resoniert und sich in die Frequenz der Natur einschwingt.

4. Lasse diese Resonanz mindestens 10 Minuten auf dich wirken.

Beispiel aus der Praxis: Die Shaolin-Mönche in China nutzen eine ähnliche Technik, bei der sie sich auf das Rauschen von Wasserfällen konzentrieren, um ihren Herzschlag zu harmonisieren und in einen Zustand tieferer Meditation zu gelangen. Diese Technik hilft ihnen, nicht nur ihren Geist zu beruhigen, sondern auch ihre körperliche Leistung zu steigern. Ich selbst habe es 2018 bei den Shaolin Mönchen in China im original Shaolin Kloster in Henan erlebt, wie sie die Kraft des Geistes nutzen.

Übung 3: „Heart Projection" – Dein Herz als Sender

Das Herz sendet nicht nur elektromagnetische Schwingungen aus, sondern kann auch gezielt als Sender für Intentionen genutzt werden. Dies ist eine Technik, die von indigenen Stämmen wie den Kogi in Kolumbien praktiziert wird, um Heilung und Harmonie in ihre Gemeinschaft zu bringen.

So funktioniert die Übung:

1. Setze dich aufrecht hin und lege beide Hände auf dein Herz.
2. Schließe die Augen und atme tief ein, bis du eine warme, pulsierende Energie in deiner Brust spürst.
3. Visualisiere eine Lichtkugel in deinem Herzen, die mit jeder Ein- und Ausatmung größer wird.
4. Denke an eine Person oder Situation, die Heilung oder positive Energie benötigt.
5. Richte dein Herz auf diese Person/Situation und stelle dir vor, wie sich die Lichtkugel in eine Welle verwandelt, die von deinem Herzen ausgeht und die gewünschte Person oder Situation erreicht.
6. Halte diesen Fokus für 5 Minuten und spüre, wie dein Herz schlägt und Energie sendet.

Diese Technik hilft dir, deine Herzenergie zu bündeln und sie gezielt nach außen zu projizieren. Die Kogi, die als „Wächter der Erde" bekannt sind, nutzen ähnliche Techniken, um ihre Umgebung in Harmonie zu halten. Diese Praxis kann nicht nur Heilung fördern, sondern auch deine Herz-Hirn-Kohärenz stärken.

Die tiefere Bedeutung der Herz-Hirn-Kohärenz

Was alle diese Übungen gemeinsam haben, ist ihre Fähigkeit, dich aus deinem Kopf heraus und in dein Herz zu bringen. Viele Menschen leben ihr Leben ausschließlich im Kopf, gefangen in Gedanken, Sorgen und Analysen. Doch wenn du lernst, die Kohärenz zwischen deinem Herzen und deinem Gehirn zu stärken, beginnst du, die Welt auf eine völlig neue Art und Weise zu erleben.

In einer Studie des HeartMath Institute wurde festgestellt, dass Menschen, die regelmäßig Übungen zur Herz-Hirn-Kohärenz praktizieren, eine höhere emotionale Intelligenz, bessere zwischenmenschliche Beziehungen und eine tiefere innere Zufriedenheit erreichen. Denn sobald dein Herz und dein Verstand synchron arbeiten, beginnst du, deine eigene Realität aktiv zu gestalten, anstatt nur auf äußere Umstände zu reagieren.

Was bedeutet das für dich?
Die Übungen, die oben beschrieben sind, sind mehr als nur Techniken – sie sind Tore zu einer tieferen Verbindung mit deinem Selbst. Wenn du dir täglich Zeit nimmst, um Herz und Verstand in Einklang zu bringen, wirst du nicht nur ruhiger und gelassener, sondern auch kraftvoller und kreativer.
Dein Herz wird zu deinem inneren Kompass, der dir hilft, Entscheidungen zu treffen, die wirklich mit deinem wahren Selbst im Einklang sind.

Im nächsten Kapitel werden wir uns tiefer mit der Frage beschäftigen, wie du Affirmationen und Visualisierungen nutzen kannst, um diese Kohärenz weiter zu verstärken und deine Gedankenfrequenz auf eine neue Ebene zu bringen. Denn wenn dein Herz und dein Verstand im Einklang sind, gibt es nichts, was du nicht erreichen kannst.

Bist du bereit, dein Leben auf eine höhere Frequenz zu heben? Dann lass uns weitermachen – dein volles Potenzial wartet darauf, entfesselt zu werden.

Jetzt, da wir die tiefe Verbindung zwischen Herz und Verstand hergestellt haben, ist es an der Zeit, diese Erkenntnisse zu nutzen, um deine Gedanken und Worte bewusst einzusetzen. Im nächsten Kapitel werden wir uns intensiv mit Affirmationen und Visualisierungen beschäftigen – zwei der mächtigsten Werkzeuge, die dir zur Verfügung stehen, um deine Realität aktiv zu gestalten.

Kapitel 4: Die Kraft der Affirmationen und Visualisierungen – Wie du deine Gedanken in Realität verwandelst

Gedanken und Worte als Schöpferkraft

Lass uns das gleich auf den Punkt bringen: Deine Gedanken und Worte sind Schöpferkraft. Alles, was du in deinem Leben siehst, alles, was du heute bist, hat seinen Ursprung in deinen Gedanken und deinem gesprochenen Wort. Doch es geht nicht nur darum, irgendetwas positiv zu denken oder ein paar schöne Affirmationen zu wiederholen. Es geht darum, die richtigen Frequenzen zu finden, die dein Herz und deinen Verstand auf eine höhere Ebene bringen und sie mit deiner innersten Überzeugung verbinden.

Affirmationen und Visualisierungen sind nicht bloße Gedankenspiele – sie sind die Werkzeuge, mit denen du dein Unterbewusstsein programmierst und deine Realität veränderst. Aber wie machst du das, dass es tatsächlich funktioniert? Hier kommen die nächsten Schritte.

Affirmationen, die zu dir passen – Finde deine wahre innere Stimme

Vielleicht hast du schon einmal versucht, dir Affirmationen wie „Ich bin erfolgreich", „Ich bin reich" , "Ich bin gesund" oder „Ich bin stark" vorzusagen. Und vielleicht hast du festgestellt, dass sich das in deinem Inneren nicht wirklich echt anfühlt. Genau hier liegt der häufigste Fehler: Affirmationen müssen authentisch sein, sie müssen in dir etwas zum Klingen bringen, das sich wahrhaftig und real anfühlt.

Affirmationen sind nichts anderes als Gedanken mit fokussierter Absicht, die du wieder und wieder und wiederholst, um sie in dein Unterbewusstsein einzugravieren. Doch wenn deine Affirmationen nicht mit deinem innersten Kern in Resonanz stehen, prallen sie an dir ab wie Regentropfen an einer Scheibe.
Dein Unterbewusstsein erkennt den Widerspruch zwischen dem, was du sagst, und dem, was du wirklich glaubst – und blockiert die Veränderung.

Wie findest du Affirmationen, die wirklich zu dir passen?

Übung: Die „Wahrheitsfindung" deiner Affirmationen

1. Nimm dir einen Moment der Stille und lege eine Hand auf dein Herz.
2. Schließe die Augen und atme tief ein und aus. Verbinde dich mit deinem Herzschlag.
3. Denke an eine Affirmation, die du verwenden möchtest, z. B. „Ich bin erfolgreich."
1. Spüre in dich hinein : Wie fühlt sich dieser Satz an? Spürst du Widerstände, Zweifel oder fühlt es sich stimmig an?
2. Wenn die Affirmation nicht echt klingt, verändere sie so lange, dass sie sich für dich ehrlich und erreichbar anfühlt. Zum Beispiel statt „Ich bin erfolgreich" könnte es „Ich bin mit jedem Schritt erfolgreicher" ; "Ich bin ab heute täglich erfolgreicher"....heißen.
3. Wiederhole die neue Affirmation mindestens 10-mal laut und spüre, wie sie in deinem Inneren widerhallt.

Diese Übung hilft dir, die Affirmationen zu finden, die mit deinem Herzen im Einklang stehen, anstatt nur leere Worte zu sein. Wenn deine Affirmationen authentisch sind, beginnen sie, deine Gedankenfrequenz zu erhöhen und deine Realität zu transformieren. Denke dabei an die Herz-Hirn-Kohärenz. Du musst es fühlen.

Die Macht der Visualisierung – Dein inneres Kino als Manifestationskraft

Stell dir vor, dein Unterbewusstsein ist wie ein riesiger Projektor. Alles, was du ihm als Bild und Gefühl zuführst, wird auf die Leinwand deines Lebens projiziert. Das ist die Essenz der Visualisierung – die Kunst, dir so lebhaft und klar wie möglich vorzustellen, was du erreichen möchtest. Doch hier ist der Schlüssel: Es reicht nicht, nur Bilder zu sehen . Du musst sie fühlen, erleben, als wären sie bereits wahr.

Visualisierung ist kein neues Konzept. Schon Spitzensportler, wie der olympische Schwimm-Champion Michael Phelps, nutzen diese Technik, um ihre Erfolge zu maximieren. Phelps visualisierte jeden seiner Schwimmzüge so intensiv, dass sein Körper die Bewegung schnell schon von selbst ausführen konnte. Als ihm bei den Olympischen Spielen in Peking 2008 während eines Wettkampfs seine Schwimmbrille verrutschte und er kaum noch etwas sehen konnte, gewann er dennoch die Goldmedaille – weil sein Körper den Ablauf bereits unzählige Male durch die Kraft seiner Visualisierungen verinnerlicht hatte.

Übung: Die „Multi-Sinnes-Visualisierung"

1. Setze dich an einen ruhigen Ort und schließe die Augen.
2. Denke an ein Ziel, das du erreichen möchtest – sei es beruflich, gesund oder persönlich.
3. Visualisiere es nicht nur als Bild, sondern bringe alle deine Sinne ins Spiel:

- Wie fühlt es sich an? Spürst du die Freude und Erfüllung, wenn du dein Ziel erreicht hast?
- Was hast du gehört? Das Jubeln deiner Freunde oder Kollegen, das Rascheln von Erfolgspapieren?
- Was riechst du? Vielleicht den Duft von frisch gebrühtem Kaffee in deinem neuen Büro?
- Was hat dir geschmeckt? Vielleicht das Glas Champagner, mit dem du deinen Erfolg feierst?
- Was hast du gesehen? Lebhafte Farben, Menschen, Orte, die dich umgeben.

4. Bleibe für 10-15 Minuten in dieser Visualisierung und erlebe dein Ziel so intensiv, als wäre es bereits Realität.
5. Wenn du aus der Visualisierung zurückkommst, schreibe deine Eindrücke und Gefühle auf. Das verankert die Erfahrung noch tiefer in deinem Unterbewusstsein.

Diese Methode funktioniert, weil dein Gehirn nicht zwischen realen und lebhaft vorgestellten Erlebnissen unterscheidet. Wenn du dir deine Wünsche intensiv genug vorstellst, beginnt dein Unterbewusstsein, Wege zu finden, diese Realität zu erschaffen.

Affirmationen und Visualisierungen kombinieren – Die doppelte Kraft für deine Transformation

Jetzt, da du die Grundlagen effektiver Affirmationen und Visualisierungen kennst, ist es an der Zeit, diese beiden Techniken zu kombinieren. Indem du Affirmationen während deiner Visualisierung nutzt, verstärkst du die Schwingung und bringst dein Herz und deinen Verstand noch stärker in Einklang.

Übung: Die „Affirmations-Visualisierung"

1. Finde eine ruhige Umgebung und setze dich bequem hin.
2. Schließe die Augen und beginne, tief und ruhig zu atmen.
3. Wähle eine Affirmation, die du verwenden möchten, z.B. „Ich manifestiere Fülle und Erfolg in meinem Leben."
4. Während du die Affirmation wiederholst, stelle dir lebhaft vor, wie dein Leben aussieht, wenn diese Affirmation bereits wahr ist. Erlebe es mit allen Sinnen, wie in der vorgeschriebenen Übung.
5. Atme tief ein und lasse beim Ausatmen das Gefühl der Dankbarkeit deines Herzens erfüllen. Spüre, wie die Worte und Bilder in dir zu einer mächtigen Energie verschmelzen.
6. Wiederholen Sie diesen Prozess täglich für 5-10 Minuten.

Deine Gedankenfrequenz als Wegweiser

Affirmationen und Visualisierungen sind wie die Instrumente eines erfahrenen Musikers. Wenn du sie beherrschst, wirst du die Melodie deines Lebens komponieren können – eine Melodie, die im Einklang mit deinem Herzen und deinen Träumen schwingt. Du hast jetzt das Wissen und die Werkzeuge, um deine Gedankenfrequenz zu steigern und dein Leben zu transformieren.

Im nächsten Kapitel werden wir uns darauf konzentrieren, wie du diese neuen Fähigkeiten langfristig in deinen Alltag integrierst, um ein Leben in höchster Schwingung zu führen. Denn du hast die Macht, die Frequenz deines Lebens bewusst zu bestimmen – und es gibt keine Grenzen für das, was du erschaffen kannst.

Bereit für den nächsten Schritt? Dein neues Leben wartet auf dich.

Kapitel 5: Gedankenfrequenz im Alltag – So integrierst du die Macht der Kohärenz, Affirmationen und Visualisierungen dauerhaft

Jetzt, da du die kraftvollen Techniken der Herz-Hirn-Kohärenz, Affirmationen und Visualisierungen kennengelernt hast, stellt sich die Frage: Wie machst du all das zu einem festen Bestandteil deines Alltags? Denn wahre Veränderung geschieht nicht über Nacht – sie braucht Wiederholung, Hingabe und, vor allem, Beständigkeit.

In diesem Kapitel geht es darum, wie du das Gelernte so in dein tägliches Leben integrierst, dass es zur Gewohnheit wird. Wir werden praktische Tipps, fortgeschrittene Techniken und die Revisionstechnik einführen, damit du in jeder Situation deine Gedankenfrequenz erhöhen und dein Leben aktiv gestalten kannst.

Routinen und Rituale zur Erhöhung deiner Gedankenfrequenz

Wenn du langfristig Veränderung willst, dann musst du bewusste Routinen in deinen Alltag integrieren. Es geht nicht darum, ein paar Minuten Affirmationen oder Visualisierungen zu üben und dann wieder in die alten Gedankenmuster zurückzufallen. Du musst die Schwingung, die du durch diese Techniken erzeugst, dauerhaft halten. Sie zu deinem neuen Programm automatisieren. Es muss fest installiert werden.

Morgenritual zur Gedankenfrequenz-Steigerung

1. Direkt nach dem Aufwachen: Anstatt sofort dein Handy zu greifen oder die Nachrichten zu überprüfen, setze dich aufrecht hin und atme tief ein und aus. Lege eine Hand auf dein Herz und stelle dir vor, wie sich dein Herz mit jedem Atemzug mit positiver Energie erfüllt. Schon an der Bettkante nutze deine neue klare Affirmation für den Tag, z.B. "heute begegne ich nur freundlichen Menschen"... heute geht mir meine Abriet leicht und freudig von der Hand..."

2. Dankbarkeits- und Affirmationsübung: Wähle 3 Dinge, für die du dankbar bist. Wiederhole dann deine persönliche Affirmation laut oder in Gedanken, zB „Heute bin ich voller Energie und Klarheit."

3. Kurz-Visualisierung: Schließe deine Augen und stelle dir vor, wie dein Tag perfekt verläuft. Visualisiere, wie du mit Freude, Gelassenheit und Erfolg durch den Tag gehst.

Dieses einfache Ritual dauert nur 5-10 Minuten, bringt dich jedoch in eine hohe Schwingung, die deinen gesamten Tag beeinflusst.

Abendritual zur Integration und Entspannung

1. Reflexion des Tages: Bevor du ins Bett gehst, nimm dir vielleicht sogar ein Notizbuch zur Hand und reflektiere über deinen Tag. Was ist gut gelaufen? Welche Situationen haben dich aus der Ruhe gebracht?
2. Herz-Hirn-Kohärenzübung: Atme langsam und tief, während du deine Aufmerksamkeit auf dein Herz lenkst. Visualisiere eine Lichtkugel, die sich in deinem Herzen ausbreitet und dich beruhigt.
3. Sanfte Revision: Hier kannst du die Revisionstechnik anwenden, die wir gleich detailliert beschreiben werden.

Umgang mit Rückschlägen – Wie du dich bei negativen Gedankenspiralen zurückholst

Selbst wenn du die besten Techniken beherrschst, wird es Tage geben, an denen dir alles schwerfällt. Tage, an denen du in negativen Gedankenmustern verfällst oder dich von äußeren Umständen überwältigen lässt. Doch genau dann ist es wichtig, schnell gegenzusteuern, um nicht in alte Frequenzen abzurutschen.

Die „Notfall-Kohärenz-Atmung"

Diese Technik hilft dir, dich in wenigen Minuten zu konzentrieren und deine Gedankenfrequenz zu erhöhen – besonders in stressigen Momenten.

- Wenn du merkst, dass du gestresst oder überwältigt bist, halte sofort inne.
- Schließe die Augen, lege eine Hand auf dein Herz und atme langsam ein und aus.
- Denke an ein positives Erlebnis oder eine Person, die dir viel bedeutet. Lasse das Gefühl von Dankbarkeit in dir aufsteigen.
- Spüre, wie sich dein Herzrhythmus beruhigt und du dich wieder zentrierst.

Diese Übung dauert nur 2-3 Minuten und hilft dir, negative Gedankenspiralen auszubrechen.

Wenn du in einer stressigen Situation mit jemand anderem bist und plötzlich merkst, dass negative Emotionen aufsteigen – sei es Wut, Frustration oder Angst – kannst du eine kurze Herz-Hirn-Kohärenzübung direkt im Gespräch anwenden, ohne dass es jemand bemerkt.

Die „Mini-Kohärenz-Technik":

1. Atme tief durch die Nase ein, während dein Gegenüber spricht. Stelle dir vor, dass du die Luft direkt in deinem Herzen atmest. Das dauert nur 3-5 Sekunden.
2. Beim Ausatmen denke immer noch „Ruhe" oder „Frieden" und spüre, wie sich dein Herz entspannt.
3. Lenke für einen Moment deine Aufmerksamkeit auf etwas Positives – wie eine Erinnerung, die dir Freude bringt, oder eine kleine Dankbarkeit für die Lektion, die du gerade lernst.
4. Lenke auch die Aufmerksamkeit auf das Positive deines Gegenübers. Das bedarf vielleicht etwas Übung am Anfang.

Diese Technik dauert nur ein paar Sekunden und hilft dir, innerlich ruhig zu bleiben, klar zu denken und gelassen zu reagieren, anstatt impulsiv zu handeln. Sie bringt dich sofort zurück in deine Mitte und erhöht die Schwingung deines Herzens, sodass du mit mehr Verständnis und Ruhe antworten kannst. Du kannst dir dazu auch einen Anker setzen, z.B. Daumen und Zeigefinger zusammenführen und somit die innere Ruhe und Gelassenheit aktivieren. Diesen Anker übst du natürlich vorher, damit dein Unterbewusstsein weiß, was es bedeutet und dann zu tun hat.

Die Revisionstechnik – Die Vergangenheit transformieren, um die Zukunft zu verändern
Eine der kraftvollsten Techniken, die du in deinem Repertoire haben kannst, ist die Revisionstechnik.
Diese Methode wurde von mystischen Lehrern wie Neville Goddard gelehrt und basiert auf der Idee, dass du die Vergangenheit durch deine Gedanken und Emotionen „neu schreiben" kannst. Indem du deine Erinnerungen revidierst, kannst du die Energie, die du in die Vergangenheit investierst, umwandeln und deine Zukunft verändern.

Wie funktioniert die Revisionstechnik?
Stell dir vor, du hattest heute einen schwierigen Moment – vielleicht ein Konflikt bei der Arbeit, eine negative Nachricht oder einfach eine Situation, die dich runtergezogen hat. Diese Erfahrung trägt jetzt eine bestimmte Schwingung in deinem Unterbewusstsein - und wenn du sie nicht bewusst veränderst, wird sie deine Zukunft beeinflussen.

So nutzt du die Revisionstechnik:

1. Finde einen ruhigen Moment am Abend, bevor du ins Bett gehst.
2. Schließe die Augen und gehe mental durch deinen Tag. Identifiziere eine Situation, die nicht so gelaufen ist, wie du es dir gewünscht hast.
3. Stelle dir die Situation erneut vor, aber dieses Mal so, wie du sie dir gewünscht hättest. Visualisiere, dass alles perfekt verlaufen ist, dass du die richtigen Worte hast, dass du dich gelassen und kraftvoll gefühlt hast.
4. Fühle die Emotionen, die du gehabt hättest, wenn die Situation ideal verlaufen wäre. Spüre die Erleichterung, Freude und Dankbarkeit, als wäre alles genauso passiert.
5. Wiederhole diese Visualisierung 4-5 Mal und lasse sie mit einem Gefühl der Dankbarkeit ausklingen.

Diese Technik mag zunächst seltsam erscheinen, doch sie hat eine unglaubliche Wirkung. Indem du die emotionale Energie, die du mit einer negativen Erfahrung verbindest, veränderst, löst du Blockaden und öffnest dich für neue Möglichkeiten. Deine Gedankenfrequenz wird sofort angehoben und du wirst feststellen, dass sich ähnliche Situationen in der Zukunft anders entwickeln.

Langfristige Transformation – Wie du dein neues Leben in höchster Schwingung führst

Du hast jetzt alle Werkzeuge, um deine Gedankenfrequenz dauerhaft zu erhöhen. Doch der Schlüssel zu echter, nachhaltiger Veränderung liegt in der Beständigkeit. Es geht nicht darum, die Techniken perfekt zu beherrschen oder niemals negative Gedanken zu haben. Es geht darum, immer wieder zurückzukehren und dich auf das zu fokussieren, was du wirklich willst.

Die „30-Tage-Frequenz-Herausforderung"

Um das Gelernte wirklich in deinem Leben zu verankern, lade ich dich zu einer 30-tägigen Herausforderung ein:

1. Wähle **eine** Affirmation und **eine** Visualisierung, die du täglich für die nächsten 30 Tage praktizieren wirst.
2. Integriere die Herz-Hirn-Kohärenzübung und die Revisionstechnik in dein Abendritual.
3. Schreibe jeden Tag ein paar Zeilen in ein Dankbarkeitstagebuch und reflektiere darüber, wie sich deine Gedankenfrequenz verändert.

Nach diesen 30 Tagen wirst du eine spürbare Veränderung in deinem Denken, deinem Energielevel und deiner allgemeinen Lebensfreude feststellen. Deine Frequenz wird sich angehoben haben und du wirst das Leben auf eine neue, positivere Weise erfahren.

Bereit für die nächste Ebene?

Im nächsten Kapitel werden wir uns mit dem Konzept des kollektiven Bewusstseins beschäftigen und wie deine erhöhte Gedankenfrequenz nicht nur dein eigenes Leben, sondern auch die Welt um dich herum beeinflusst. Denn je höher du schwingst, desto mehr veränderst du nicht nur dein eigenes Leben, sondern auch das Leben der Menschen um dich herum.

Lass uns diesen Weg gemeinsam weitergehen – deine Transformation hat gerade erst begonnen!

Kapitel 6: Das kollektive Bewusstsein – Wie deine erhöhte Gedankenfrequenz die Welt beeinflusst

Jetzt, da du gelernt hast, wie du deine Gedankenfrequenz gezielt steigern kannst und die Macht der Herz-Hirn-Kohärenz, sowie die transformative Kraft von Affirmationen und Visualisierungen verstanden hast, ist es an der Zeit, das Ganze auf eine noch höhere Ebene zu heben: die Ebene des kollektiven Bewusstseins.

Denn sobald du deine Schwingung erhöhst, veränderst du nicht nur dein eigenes Leben – du beeinflusst auch das Energiefeld um dich herum und die Welt, in der du lebst.

Was ist das kollektive Bewusstsein?

Stell dir das kollektive Bewusstsein wie ein unsichtbares Netzwerk vor, das uns alle miteinander verbindet. Jeder Gedanke, jedes Gefühl und jede Handlung, die du aussendest, hat eine Resonanz, die weit über dich hinausgeht. Wissenschaftler und spirituelle Lehrer sind sich einig, dass wir in einem Feld der Verbindung leben, in dem die Gedanken und Emotionen aller Menschen miteinander verwoben sind.

Die Idee des kollektiven Bewusstseins ist nicht neu. Der Psychologe Carl Jung prägte den Begriff und stellte fest, dass alle Menschen auf einer tieferen Ebene miteinander verbunden sind und unbewusst die gleichen Archetypen und Symbole teilen. Moderne Wissenschaftler wie Dr. Rupert Sheldrake sprechen von „morphischen Feldern", die Informationen und Energien über Raum und Zeit hinweg übertragen.

Doch was bedeutet das für dich konkret? Wenn du deine Gedankenfrequenz erhöhst und dein Herz in Kohärenz bringst, beeinflusst du nicht nur dein eigenes Leben – du hebst auch die Schwingung des kollektiven Feldes an. Dies hat das Potenzial, positive Veränderungen in Ihrer Umgebung und sogar in der Welt hervorzurufen.

Die Schmetterlingswirkung deiner Gedanken – Wie kleine Veränderungen große Wellen schlagen

Kennst du das Konzept des Schmetterlingseffekts ? Die Idee, dass der Flügelschlag eines Schmetterlings in Brasilien einen Tornado in Texas auslösen kann, mag zunächst seltsam klingen. Doch es ist eine Metapher dafür, wie kleine, scheinbar unbedeutende Aktionen große Auswirkungen haben können. Genauso verhält es sich mit deinen Gedanken und Emotionen.

Wenn du dich darauf fokussierst, positive Gedanken zu pflegen und eine höhere Frequenz zu halten, schickst du Wellen von positiver Energie in dein Umfeld. Stell dir vor, du gehst in einen Raum voller Menschen, die gestresst und angespannt sind, aber du bringst eine ruhige, zentrierte Energie mit. Deine innere Kohärenz wird sich unbewusst auf die Menschen um dich herumtragen und kann die Atmosphäre im Raum verändern.

Beispiel aus der Praxis: Ein interessantes Experiment wurde in den 1990er Jahren in Washington DC durchgeführt. Mehrere Tausend Menschen meditierten gemeinsam mit dem Ziel, die Kriminalitätsrate der Stadt zu senken. Die Ergebnisse waren erstaunlich: Während der Meditation sank die Kriminalitätsrate nachweislich um über 20 %. Dies zeigt, wie mächtige kollektive Gedanken und Schwingungen sein können.

Wie du aktiv zum kollektiven Bewusstsein beiträgst – Praktische Übungen

Jetzt fragst du dich vielleicht: „Wie kann ich persönlich dazu beitragen, das kollektive Bewusstsein zu heben?" Hier sind drei kraftvolle Techniken, die dir nicht nur helfen, deine eigene Schwingung zu erhöhen, sondern auch positive Energie in die Welt zu senden.

Übung 1: „Globales Herz" – Eine Meditation für das kollektive Wohl

1. Finde einen ruhigen Ort und setze dich bequem hin.
2. Schließe die Augen und konzentriere dich auf deinen Herzschlag.
3. Atme tief ein und aus und stelle dir vor, dass dein Herz mit jedem Atemzug goldenes Licht aussendet.
4. Visualisiere, wie dieses Licht sich über deinen Körper hinaus ausbreitet, dein Haus, deine Stadt und schließlich die ganze Welt einhüllt.
5. Stelle dir vor, dass das Licht Frieden, Heilung und Liebe zu allen Menschen bringt.
6. Bleibe für 10-15 Minuten in dieser Visualisierung und spüre die Verbundenheit mit dem kollektiven Bewusstsein.

Diese Meditation hilft dir, deine Schwingung zu erhöhen und gleichzeitig positive Energie in das kollektive Feld zu senden. Sie ist besonders wirksam, wenn viele Menschen sie gleichzeitig praktizieren. Aber dazu müssen wirklich alle dasselbe Ziel haben.

Einer kann die ganze Energie zerstören.

Übung 2: Die „Gedanken-Welle" – Bewusste Gedankenimpulse senden

1. Wenn du unterwegs bist oder in einer Gruppe von Menschen, halte für einen Moment inne.
2. Wähle einen positiven Gedanken oder eine Affirmation, z. B. „Mögen alle hier in Frieden und Freude sein".
3. Stelle dir vor, dass du diese Gedanken wie eine Welle aus deinem Herzen aussendest.
4. Spüre, wie sich die Energie in deinem Umfeld verändert.

Diese Übung kann dabei helfen, die Energie in der Umgebung bewusst zu beeinflussen und das kollektive Bewusstsein zu bereichern.

Übung 3: Die „Lichtbotschaft" – Energie an Orte oder Menschen senden

1. Wenn du an eine Person denkst, die gerade Schwierigkeiten hat, oder an einen Ort, an dem es Unruhe gibt, nutze die Technik der „Lichtbotschaft".
2. Schließe die Augen, lege eine Hand auf dein Herz und atme tief ein.
3. Visualisiere, wie dein Herz ein starkes, strahlendes Licht erzeugt.
4. Richte dieses Licht auf die Person oder den Ort und stelle dir vor, wie sich alles in Harmonie auflöst.

Beispiel aus der Praxis: Indigene Völker wie die Hopi und die Maori verwenden ähnliche Techniken, um ihre Gemeinschaften zu stärken und Frieden zu fördern. Diese Techniken haben ihre Wurzeln in einer tiefen Verbundenheit mit dem kollektiven Bewusstsein und der Überzeugung, dass jeder Gedanke und jedes Gebet eine Wirkung hat .

Langfristige Auswirkungen – Wie du die Welt um dich herum transformierst

Indem du deine Schwingung erhöhst und positive Energie in das kollektive Bewusstsein sendest, trägst du aktiv dazu bei, eine Welle der Transformation in der Welt zu erzeugen. Es mag dir vielleicht klein erscheinen – ein Gedanke, eine Meditation, eine bewusste Handlung. Doch wie der Schmetterlingseffekt zeigt, können kleine Veränderungen große Wellen schlagen.

Die Wissenschaft des kollektiven Bewusstseins ist noch jung, aber die Hinweise sind klar: Deine Gedanken zählen. Deine Emotionen zählen. Deine Schwingung zählt. Wenn du dein Leben bewusst lebst, inspirierst du andere, dasselbe zu tun – und so beginnen die großen Veränderungen immer mit einem einzigen Menschen, der sich entscheidet, die Frequenz zu erhöhen.

Im nächsten Kapitel werden wir uns noch tiefer mit fortgeschrittenen Techniken wie der Quantenheilung und energetischen Transformation befassen, um dein Verständnis für die Kraft deiner Gedanken weiter zu vertiefen. Denn die Reise ist noch lange nicht zu Ende – sie hat gerade erst begonnen.

Bist du bereit, dein Potenzial voll zu entfalten und die Welt zu verändern? Dann lass uns weitermachen – die nächste deiner Transformation wartet auf dich!

Kapitel 7: Die Kunst der Quantenheilung und energetischen Transformation – Nutze die Macht deiner Frequenz zur Heilung und Veränderung

Bisher hast du verstanden, wie Gedanken, Worte und Emotionen deine Schwingung beeinflussen und wie du durch Herz-Hirn-Kohärenz, Affirmationen und Visualisierungen deine Realität aktiv gestalten kannst. Jetzt werden wir noch tiefer eintauchen und fortgeschrittene Techniken kennenlernen, mit denen du nicht nur dein eigenes Leben, sondern auch die Welt um dich herum auf der Quantenebene transformieren kannst.

In diesem Kapitel wirst du erfahren, wie du die Kraft deiner Gedankenfrequenz nutzen kannst, um Heilung zu beschleunigen, energetische Blockaden zu lösen und sogar deine Zukunft positiv zu beeinflussen. Diese Techniken basieren auf Erkenntnissen der Quantenphysik, aber auch auf uralten Weisheiten und spirituellen Praktiken, die in der modernen Wissenschaft Bestätigung finden.

Was ist Quantenheilung und wie wirkt sie?
Quantenheilung klingt zunächst wie ein Wort aus einem Science-Fiction-Roman, doch es ist eine Praxis, die zunehmend wissenschaftlich untersucht wird. Die Grundlage der Quantenheilung basiert auf der Annahme, dass alles im Universum aus Energie und Schwingung besteht , einschließlich deines Körpers, deiner Gedanken und sogar deiner Gesundheit.
Im Bereich der Quantenphysik spricht man von der „Superposition", was bedeutet, dass Teilchen in mehreren Zuständen gleichzeitig existieren können. Auf einer tieferen Ebene bedeutet das, dass unendliche Möglichkeiten in jedem Moment vorhanden sind – und dass deine Gedanken und Überzeugungen die „Realität" wählen, die sich manifestiert.

Wie kannst du das nutzen? Ganz einfach: Indem du dich auf eine höhere Schwingung ausrichtest, kannst du dein Energiesystem neu kalibrieren und die Heilung beschleunigen. Diese Technik wird oft von ganzheitlichen Heilern, Schamanen und sogar Ärzten genutzt, die ihre Patienten auf eine höhere Frequenz einstimmen, um Heilung zu fördern.

Die Technik des „Quantum Jumping" – Eine Brücke zu parallelen Realitäten

Eine der außergewöhnlichsten Techniken, die du nutzen kannst, um dein Leben minimal zu transformieren, ist das sogenannte „Quantum Jumping" . Dieses Konzept wurde von Burt Goldman, einem der Pioniere auf diesem Gebiet, populär gemacht. Die Idee dahinter ist, dass du in eine parallele Realität „springen" kannst, in der du bereits das Leben führst, das du dir wünschst.

Wie funktioniert Quantum Jumping?

1. Finde einen ruhigen Ort, an dem du ungestört bist.
2. Schließe die Augen und atme tief ein und aus, bis du dich entspannt fühlst.
3. Stelle dir vor, dass du in einem dunklen Raum stehst. Vor dir öffnet sich eine Treppe aus Licht, die dich zu einer Tür führt.
4. Hinter dieser Tür befindet sich eine Version von dir, die in einer parallelen Realität lebt – eine Realität, in der du bereits das Ziel erreicht hast, das du dir wünschst (z.B. Gesundheit, Erfolg, Glück).
5. Öffne die Tür und begegne dein „Zukunfts-Ich". Stelle dir vor, wie diese Version von dir aussieht, sich verhält und fühlt. Beobachte ihre Energie, ihr Selbstvertrauen und ihre Ruhe.
6. Verbinde dich mit dieser Version von dir und „springe" in ihrer Realität. Spüre, wie du die Schwingung und das Wissen deines Zukunfts-Ichs in dich aufnimmst.
7. Wenn du bereit bist, kehre in deine eigene Realität zurück und bringe das Gefühl und die Energie dieser Erfahrung mit.

Diese Technik ermöglicht es dir, energetische Blockaden zu überwinden und dich auf die Frequenz auszurichten, die du für dein gewünschtes Leben benötigst. Viele Menschen berichten, dass sich nach dem Üben von Quantum Jumping plötzlich neue Möglichkeiten und Chancen in ihrem Leben ergeben haben.

Der „Schattentanz" – Wie du deine dunklen Seiten heilst und transformierst

Oft hindern uns nicht die äußeren daran, das Leben zu führen, das wir uns wünschen, sondern unsere inneren Schattenseiten. Unsere negativen Überzeugungen, unbewusste Ängste und alte Traumata halten die Gedankenfrequenz niedrig und blockieren den Fluss der Energie. Hier kommt die Technik des „Schattentanzes" ins Spiel. Der Schattentanz ist inspiriert von alten schamanischen Ritualen der Inka und der nordamerikanischen Lakota-Stämme, bei denen der Schatten nicht als Feind, sondern als Lehrer betrachtet wird.

Wie funktioniert der Schattentanz?

1. Bereite einen geschützten Raum vor, in dem du dich sicher fühlst. Zünde eine Kerze an und schaffe eine angenehme Atmosphäre.
2. Setze dich bequem hin und schließe die Augen. Atme tief ein und aus, um dich zu zentrieren.
3. Denke an eine Situation oder eine Emotion, die dich belastet. Spüre, wo sich diese Energie in deinem Körper befindet.
4. Visualisiere diese negative Energie als eine Gestalt – vielleicht eine dunkle Figur oder eine Wolke. Betrachte sie ohne Angst.
5. Stelle dir vor, dass du mit dieser Gestalt einen Tanz beginnst. Du führst den Tanz, du bist derjenige, der die Bewegungen bestimmt. Während du tanzt, frage diese Gestalt, was sie dir sagen möchte. Was kannst du aus dieser Dunkelheit lernen?
6. Während des Tanzes verwandelst du die dunkle Energie in Licht. Stelle dir vor, wie sie sich auflöst und zu einer leuchtenden Gestalt wird.

Wenn du fertig bist, danke der Gestalt für die Lektion und lass sie in Liebe los.

Der Schattentanz hilft dir, deine inneren Blockaden zu lösen und deine Gedankenfrequenz zu erhöhen, indem du Frieden mit deinen dunklen Seiten schließt. Anstatt deine Ängste und negativen Überzeugungen zu bekämpfen, oder sie zu integrieren kannst du sie hiermit transformieren.

Die Technik des „Zukunftskreises" – Deine Zukunft energetisch programmieren

Diese Technik basiert auf der Idee, dass die Zeit nicht linear ist, sondern dass du die Energie deiner zukünftigen Realität bereits jetzt beeinflussen kannst. Der „Zukunftskreis" ist eine Visualisierungstechnik, die von alten tibetischen Mönchen und modernen Manifestationsexperten genutzt wird.

Wie funktioniert der Zukunftskreis?

1. Zeichne auf ein Blatt Papier einen großen Kreis. In der Mitte des Kreises schreibst du dein wichtigstes Ziel oder deinen Wunsch.
2. Zeichne um diesen Kreis kleinerer Kreise, die verschiedene Aspekte deines Lebens repräsentieren (z.B. Gesundheit, Beziehungen, Finanzen).
3. Schließe die Augen und visualisiere, wie sich goldenes Licht aus deinem Herzen in diesen Kreis ergießt.
4. Stelle dir vor, dass dein zukünftiges Selbst im Zentrum dieses Kreises steht und diese Energie empfängt. Spüre die Freude und Dankbarkeit, auch wenn dein Wunsch bereits erfüllt ist.
5. Atme tief ein und aus und wiederhole die Affirmation: „Meine Zukunft ist erfüllt von Fülle, Freude und Liebe."

Diese Technik hilft dir, eine starke energetische Verbindung zu deiner zukünftigen Realität herzustellen und sie aktiv zu programmieren. Dein Unterbewusstsein beginnt, sich auf diese Schwingung einzustellen, was dir dabei hilft, dein Ziel schneller zu manifestieren.

Deine Frequenz als Schlüssel zur Veränderung

Du hast jetzt außergewöhnliche Techniken kennengelernt, die weit über das hinausgehen, was du in typischen Selbsthilfebüchern findest. Indem du deine Frequenz erhöhst und die Kraft deiner Gedanken und Emotionen gezielt einsetzt, öffnest du die Tür zu einer völlig neuen Realität.

Im nächsten Kapitel werden wir uns noch tiefer mit der Integration dieser fortgeschrittenen Techniken in deinen Alltag beschäftigen und dir zeigen, wie du langfristige Transformationen erreichst, die dein Leben dauerhaft verändern.

Bereit für die nächste Stufe? Deine Reise zu einem Leben voller Energie, Freude und Fülle geht weiter!

Kapitel 8: Die Zeitlosigkeit der Seele – Wie du vergangene, gegenwärtige und zukünftige Energien transformierst

Du hast nun viele kraftvolle Werkzeuge kennengelernt, um deine Gedankenfrequenz zu erhöhen, dein Herz und deinen Verstand in Einklang zu bringen und deine Realität bewusst zu gestalten. Doch nun möchte ich dich auf eine noch tiefere Reise mitnehmen – eine Reise jenseits der Grenzen von Raum und Zeit. In diesem Kapitel wirst du entdecken, wie du die Energie deiner Vergangenheit, Gegenwart und Zukunft beeinflussen kannst, um dein Leben auf eine neue Ebene zu heben.

Wir werden außergewöhnliche Techniken erforschen, die dir helfen, alte energetische Muster aufzulösen, vergangene Traumata zu heilen und deine Zukunft bewusst zu programmieren. Denn was wäre, wenn ich dir sagen würde, dass du die Vergangenheit heute ändern kannst und dass deine Zukunft bereits jetzt beeinflusst werden kann?

Die „Zeitlinien-Heilung" – Wie du alte Wunden transformierst

Das Konzept der Zeitlinien-Heilung basiert auf der Idee, dass Zeit nicht linear ist, wie wir es oft wahrnehmen, sondern eher wie ein Netz aus Möglichkeiten, das sich in alle Richtungen ausdehnt. Diese Technik ist inspiriert von den Lehren der Aborigines in Australien, die glauben, dass alle Momente gleichzeitig existieren und dass der Mensch durch den „Traumzustand" die Vergangenheit, Gegenwart und Zukunft beeinflussen kann.

Wie funktioniert die Zeitlinien-Heilung?

1. Finde einen ruhigen Raum und setze dich bequem hin. Schließe die Augen und atme tief ein und aus, bis du dich entspannt fühlst.

2. Visualisiere vor dir eine leuchtende Zeitlinie, die sich in beide Richtungen erstreckt – die Vergangenheit auf der linken Seite und die Zukunft auf der rechten Seite.

3. Denke an ein Ereignis aus deiner Vergangenheit, das dich immer noch belastet. Spüre, wie sich die Energie dieses Ereignisses in deinem Körper anfühlt.

4. Gehe gedanklich zurück zu diesem Zeitpunkt und stelle dir vor, dass du dein „Vergangenheits-Ich" besuchst. Sieh dich selbst in dieser Situation.

5. Schicke deinem Vergangenheits – Ich heilendes, goldenes Licht. Sprich mit ihm und sage: „Du bist sicher, du bist geliebt, du hast alles überstanden." Fühle, wie das Licht die Wunde heilt.

6. Beobachte, wie sich die Zeitlinie zu einem strahlenden Lichtstrom verwandelt. Spüre, wie diese Heilung bis in deine Gegenwart fließt und dein jetziges Selbst befreit.

Die Zeitlinien-Heilung löst alte emotionale Blockaden auf und setzt die Energie frei, die du bisher in vergangene Ereignisse investiert hast. Viele Menschen berichten, dass sie nach dieser Übung ein tiefes Gefühl der Erleichterung und Befreiung spüren – als wäre eine Last von ihnen abgefallen.

Die „Zukunfts-Resonanz" – Deine Zukunft heute erschaffen

Stell dir vor, du könntest deine Zukunft nicht nur erträumen, sondern direkt erschaffen – indem du die Energie deiner zukünftigen Realität schon jetzt in die Gegenwart bringst. Diese Technik basiert auf der Quantenphysik und dem Konzept der Resonanz: Wenn du dich auf die Frequenz deiner gewünschten Zukunft einstellst, ziehst du diese Realität magnetisch an.

Wie funktioniert die Zukunfts-Resonanz?

1. Setze dich entspannt hin und schließe die Augen. Lenke deine ganze Aufmerksamkeit auf dein Herz und atme tief ein und aus.

2. Stelle dir vor, dass du deine Zukunft in Form einer Lichtkugel vor dir schweben siehst. Diese Kugel enthält all die Energie, die du dir für deine Zukunft wünschst: Erfolg, Liebe, Gesundheit, Glück....

3. Nimm dir einen Moment, um die Lichtkugel zu betrachten. Was fühlst du, wenn du an deine perfekte Zukunft denkst? Welche Farben, Gerüche oder Geräusche kannst du wahrnehmen?

4. Gehe energetisch in diese Lichtkugel hinein und erlebe, wie es sich anfühlt, in dieser gewünschten Realität zu leben. Spüre die Freude, die Dankbarkeit und die Leichtigkeit, als wäre alles bereits wahr.

5. Stelle dir nun vor, dass diese Energie von deinem zukünftigen Selbst in deine Gegenwart fließt – wie eine Welle, die dich durchströmt und deine jetzige Realität transformiert.

6. Wiederhole die Affirmation: „Ich bin der Schöpfer meiner Realität." Meine Zukunft ist erfüllt von Fülle und Freude."

Diese Technik hilft dir, deine Gedankenfrequenz mit der Zukunft zu synchronisieren, die du anziehen möchtest. Du programmierst nicht nur dein Unterbewusstsein, sondern beeinflusst auch die Quantenfelder um dich herum.

Der „Seelen-Dialog" – Eine Brücke zu deiner höheren Weisheit

Viele spirituelle Traditionen lehren, dass wir alle eine höhere, zeitlose Weisheit in uns tragen, die wir als unsere Seele oder unser höheres Selbst bezeichnen. Diese Technik hilft dir, diese Weisheit anzuzapfen und auf deine tiefsten Fragen zu finden. Der „Seelen-Dialog" wird von modernen spirituellen Lehrern sowie von traditionellen Heilern aus den Anden praktiziert.

Wie funktioniert der Seelen-Dialog?

1. Wähle einen ruhigen Ort, zünde eine Kerze an und schließe die Augen.
2. Atme tief ein und aus, bis du dich zentriert fühlst. Visualisiere eine Treppe, die dich zu einem leuchtenden Raum führt.
3. In diesem Raum triffst du dein höheres Selbst, das als strahlende, weise Gestalt erscheint.
4. Stelle deinem höheren Selbst eine Frage, die dir auf dem Herzen liegt, z.B. „Was ist mein nächster Schritt?", „Wie kann ich diese Herausforderung meistern?" oder „Was brauche ich, um Heilung zu erfahren?"
5. Höre achtsam zu, was dir dein höheres Selbst geantwortet hat. Es kann in Form von Worten, Bildern oder Gefühlen kommen.
6. Bedanke dich bei deinem höheren Selbst und verlasse den Raum, wenn du bereit bist.

Der Seelen-Dialog hilft dir, tiefe Einsichten zu gewinnen und deine Intuition zu stärken. Du wirst feststellen, dass die Antworten oft klarer und weiser sind, als du es dir jemals vorgestellt hättest.

Die „Frequenz des Vergebens" – Befreie dich von alten Lasten

Eine der kraftvollsten Techniken, um deine Schwingung sofort anzuheben, ist das Vergeben. Doch Vergebung bedeutet nicht, das Verhalten anderer zu entschuldigen, sondern dich selbst von der emotionalen Last zu befreien. Diese Technik ist inspiriert von der hawaiianischen Huna-Lehre, speziell der Methode des „ Ho'oponopono ".

Wie funktioniert die Vergebungstechnik?

1. Denke an eine Person oder Situation, die dich verletzt hat und die du noch nicht vollständig vergeben hast.
2. Setze dich entspannt hin und schließe die Augen. Visualisiere die Person vor dir.
3. Wiederhole die vier Ho'oponopono-Sätze 7-8x:
   - „Es tut mir leid."
   - „Bitte vergib mir."
   - „Ich danke dir."
   - "Ich liebe Dich."
4. Spüre, wie sich dein Herz öffnet und die negative Energie loslässt. Erlaube dir, die Freiheit zu spüren, die durch die Vergebung entsteht.

Diese Technik wird dich nicht nur von emotionalen Altlasten befreien, sondern auch deine Frequenz erhöhen und dir eine tiefere innere Ruhe schenken.

Deine Transformation ist nur der Anfang

Du hast nun die tiefgreifensten und außergewöhnlichsten Techniken kennengelernt, die dir helfen, deine Gedankenfrequenz auf ein vollkommen neues Level zu heben. Doch das ist erst der Anfang. Die wahre Transformation geschieht, wenn du dieses Wissen in deinem täglichen Leben anwendest und damit die Energie deiner Vergangenheit, Gegenwart und Zukunft bewusst beeinflusst.

Im nächsten Kapitel werden wir uns mit der Meisterschaft der energetischen Selbstführung beschäftigen – wie du deine Schwingung unabhängig von äußeren Umständen hoch hältst und zu einem Leuchtturm für andere wirst.

Bereit für die nächste Stufe Ihrer spirituellen Reise? Dann lass uns weitermachen – dein Potenzial kennt keine Grenzen!

Kapitel 9: Energetische Meisterschaft – Die Kunst, dein Energiefeld zu steuern

Jetzt, da du bereits gelernt hast, wie du deine Gedankenfrequenz und Emotionen gezielt erhöhen kannst, ist es an der Zeit, dich auf eine tiefere Ebene deiner persönlichen Transformation zu geben. In diesem Kapitel wirst du die Meisterschaft über dein Energiefeld erlangen, um deine Schwingung nicht nur zu erhöhen, sondern auch gezielt zu steuern, unabhängig von äußeren Umständen.
Wir werden uns auf außergewöhnliche Techniken fokussieren, die dir helfen, dein Energiefeld zu reinigen, zu stärken und zu transformieren, sodass du zu einem Leuchtturm positiver Energie wirst, der auch andere inspiriert und anzieht.

Die „Aurafeld-Transformation" – Reinige und Stärke dein energetisches Schutzschild

Dein Körper ist nicht nur physisch – um dich herum existiert ein unsichtbares Energiefeld, das deine Gedanken, Emotionen und deine Schwingung widerspiegelt. Dieses Feld, oft auch „Aura" genannt, kann durch negative Gedanken, Stress und Ängste verschmutzt werden. Die Reinigung und Stärkung deiner Aura ist entscheidend, um deine Gedankenfrequenz hoch zu halten und dein inneres Gleichgewicht zu bewahren.

Übung: Aurafeld-Reinigung mit „energetischer Dusche"

1. Stehe aufrecht, schließe die Augen und stelle dir vor, dass du unter einem strahlenden Lichtstrahl stehst, der wie eine Dusche von oben herabfließt.
2. Atme tief ein und visualisiere, wie dieses Licht deinen gesamten Körper und dein Energiefeld durchdringt.
3. Stelle dir vor, dass das Licht alle negativen Energien auflöst, die sich in deinem Aurafeld angesammelt haben.
4. Spüre, wie dein Energiefeld klarer, heller und stärker wird. Bleibe für 5-10 Minuten in dieser Visualisierung.
5. Zum Abschluss stelle dir eine goldene Schutzschicht um dein Energiefeld vor, die dich vor negativen Einflüssen schützt.

Diese Technik hilft dir, dein Energiefeld regelmäßig zu reinigen und zu stärken, sodass du dich nicht so leicht von negativen Schwingungen anderer beeinflussen lässt.

Die „Lichtcodes-Aktivierung" – Schalte dein inneres Potenzial frei

Stell dir vor, dass in dir eine ungenutzte, schlafende Energie steckt, die nur darauf wartet, aktiviert zu werden. Diese Lichtcodes sind wie Schalter in deiner DNA, die durch gezielte Energietechniken aktiviert werden können. Diese Technik basiert auf alten spirituellen Lehren und wird auch in modernen energetischen Heilmethoden wie Reiki und der Lichtarbeit genutzt.

Übung: Lichtcodes-Aktivierung für inneres Wachstum

1. Setze dich in eine entspannte Position und schließe die Augen. Atme tief ein und aus, um dich zu zentrieren.
2. Visualisiere, dass ein strahlender Lichtstrahl aus dem Zentrum des Universums direkt in dein Kronenchakra (am Scheitelpunkt deines Kopfes) fließt.
3. Stelle dir vor, dass dieses Licht sich durch deinen Körper ausbreitet und unsichtbare Lichtcodes in deiner DNA aktiviert.
4. Wiederhole dabei die Affirmation: „Ich aktiviere mein vollstes Potenzial." Meine inneren Lichtcodes werden jetzt erweckt."
5. Spüre, wie sich dein Körper mit einer kraftvollen Energie gefüllt und wie neue Inspiration und Klarheit in dir aufsteigt.

Die Aktivierung deines Lichtcodes wird dir helfen, deine inneren Fähigkeiten zu entfalten und deine Schwingung auf ein höheres Niveau zu bringen. Menschen, die diese Technik praktizieren, berichten oft von plötzlichen Durchbrüchen, Ideen und einer gesteigerten Kreativität.

Die „Seelen-Erdung" – Verbinde dich mit dem Energiefeld der Erde

In der modernen Welt, die oft von Technologie und Stress beherrscht wird, verlieren wir leicht die Verbindung zur Erde – unserer energetischen Quelle. Die Seelen-Erdung ist eine Technik, die dir hilft, dein Energiefeld zu stabilisieren und dich wieder mit der Mutter Erde zu verbinden. Dies wird deine Schwingung erhöhen und dir innere Stabilität geben.

Übung: Erdungsritual mit „Erdenergie-Atmung"

1. Gehe nach draußen und finde einen ruhigen Platz in der Natur. Setze dich oder stehe barfuß auf dem Boden.
2. Schließe die Augen und stelle dir vor, dass aus deinen Füßen Wurzeln in die Erde wachsen.
3. Atme tief ein und stelle dir vor, dass du die Energie der Erde durch deine Wurzeln in deinen Körper ziehst.
4. Beim Ausatmen schicke alle negativen Gedanken und Energien in die Erde, wo sie neutralisiert werden.
5. Spüre die Verbindung zur Erde und wiederhole die Affirmation: „Ich bin geerdet, zentriert und in Harmonie."

Diese Übung hilft dir, dein inneres Gleichgewicht wiederherzustellen und die Erdenergie zu nutzen, um dich aufzuladen und zu stabilisieren.

Die „Kosmische Synchronisation" – Öffnet dein Bewusstsein für das Universum

Diese Technik geht noch einen Schritt weiter und richtet sich nicht nur auf die Erde, sondern auch auf das gesamte Universum. Hier geht es darum, dein Energiefeld mit dem kosmischen Bewusstsein zu verbinden, um Zugang zu höherem Wissen und Inspiration zu erhalten.

Übung: Kosmische Meditation zur Synchronisation

1. Setze dich in einen dunklen Raum und schließe die Augen. Atme tief ein und aus, um dich zu entspannen.

2. Visualisiere, dass du in einem Raumschiff sitzt, das dich ins Zentrum des Universums bringt.

3. Sobald du dort angekommen bist, stelle dir vor, dass du dich mit einem kosmischen Energiefeld verbindest, das alle Weisheit des Universums enthält.

4. Frage das Universum nach einer Antwort auf eine wichtige Frage oder ein Problem, das du hast.

5. Spüre die Antwort in Form von Gefühlen, Bildern oder innerem Wissen und danke dem Universum für die Weisheit.

Diese Technik hilft dir, dein Bewusstsein zu erweitern und Zugang zu höherem Wissen zu erhalten. Sie stärkt dein Vertrauen in deine eigene innere Weisheit und deine Verbindung zum Kosmos.

Nächster Schritt: Die Hypnose als Schlüssel zur Integration

Nachdem du nun alle fortgeschrittenen energetischen Techniken kennengelernt hast, ist es an der Zeit, all diese Erkenntnisse auf eine tiefe und nachhaltige Weise zu integrieren. Im nächsten Kapitel werden wir uns auf die Hypnose konzentrieren – die Königsdisziplin, um dein Unterbewusstsein zu erreichen und die Meisterschaft über deine Gedanken und Glaubenssätze zu erlangen.

Bist du bereit, in die Tiefen deines Unterbewusstseins einzutauchen? Dann lass uns zur nächsten Ebene der Transformation übergehen!

Kapitel 10: Hypnose – Der Schlüssel zur tiefsten Transformation deiner Glaubenssätze und Energien

Nun, da du die Meisterschaft über dein Energiefeld und die höheren Frequenzen erlangt hast, ist es an der Zeit, das mächtigste Werkzeug zu entdecken, um alle diese Techniken zu vertiefen: die Hypnose.

Hypnose ist die Brücke, die dein Bewusstsein mit deinem Unterbewusstsein verbindet und dir Zugang zu den tiefsten Ebenen deiner Überzeugungen, Muster und Energien verschafft. Hier beginnt die wahre Magie, denn durch Hypnose kannst du alte Blockaden lösen, dein inneres Potenzial entfesseln und dein Leben auf eine neue Ebene transformieren.

In diesem Kapitel wirst du lernen, wie Hypnose funktioniert, wie du sie für deine eigene Heilung und Transformation nutzen kannst und wie du tiefliegende Glaubenssätze, die dich bisher zurückgehalten haben, für immer auflösen kannst.

Die Wissenschaft der Hypnose – Wie du dein Unterbewusstsein umprogrammierst

Hypnose wird oft missverstanden und mit „Mind Control" oder Showhypnosen in Verbindung gebracht. Doch in Wirklichkeit ist Hypnose ein kraftvolles therapeutisches Werkzeug, das von Psychologen und Therapeuten weltweit genutzt wird, um tief verwurzelte Glaubenssätze zu transformieren. Hypnose versetzt dein Gehirn in einen Zustand tieferer Entspannung, der durch Theta-Hirnwellen charakterisiert ist. Dieser Zustand ist vergleichbar mit dem Moment kurz vor dem Einschlafen – deine kritische, bewusste Denke wird umgangen und dein Unterbewusstsein ist weit offen für neue Programmierungen.

Hier können alte Muster aufgebrochen und durch positive Affirmationen und neue Überzeugungen ersetzt werden.

Warum funktioniert das?
Dein Unterbewusstsein ist wie ein Schwamm – es nimmt ALLES auf, was es im Laufe deines Lebens erlebt, gehört und erfahren hat. Viele dieser Informationen sind als Glaubenssätze in deinem Unterbewusstsein verankert und steuern dein Verhalten, ohne dass du es merkst. Hypnose gibt dir die Macht, dieses tiefsitzende Programm zu überschreiben und eine neue innere Realität zu schaffen.

Punkt 2: Hypnose zur Transformation prägender Glaubenssätze – Die „Schlüssel-Schloss-Methode"
Wenn du tief verwurzelte Glaubenssätze hast, die dich zurückhalten, wie „Ich bin nicht gut genug", „Ich verdiene keinen Erfolg" oder „Ich bin nicht liebenswert"..., dann kann Hypnose dir helfen, diese Muster aufzulösen. Eine besonders wirkungsvolle Technik ist die „Schlüssel-Schloss-Methode", die dir hilft, den Ursprung eines Glaubenssatzes zu finden und ihn nachhaltig zu transformieren.

Anleitung: Die Schlüssel-Schloss-Hypnosetechnik

1. Stelle dich in eine bequeme Position und schließe die Augen. Atme tief ein und aus, um dich zu entspannen.

2. Stelle dir vor, dass du eine alte, schwere Tür vor dir hast. Diese Tür symbolisiert einen tief verwurzelten Glaubenssatz.

3. In deiner Hand hältst du einen goldenen Schlüssel. Dieser Schlüssel ist dein Bewusstsein, dein Wille zur Veränderung.

4. Öffne die Tür mit dem Schlüssel und betrete einen Raum, der dein Unterbewusstsein repräsentiert.

5. In diesem Raum siehst du ein Symbol für deinen Glaubenssatz (z.B. eine dunkle Wolke oder einen schweren Stein).

6. Frage dein Unterbewusstsein: „Woher stammt dieser Glaubenssatz?" Was hat ihn ausgelöst?" Warte auf eine Antwort in Form von Bildern, Gefühlen oder Gedanken.

7. Verwandle das Symbol in etwas Positives – eine strahlende Lichtkugel, einen funkelnden Edelstein oder ein leuchtendes Feuer.

8. Ersetze den alten Glaubenssatz durch eine kraftvolle Affirmation, z.B. „Ich bin mehr als genug" oder „Ich verdiene Erfolg und Liebe."

9. Verlasse den Raum und verschließe die Tür, weißt du, dass du das Schloss jetzt neu programmiert hast.

Diese Technik hilft dir, nicht nur die Symptome deiner negativen Glaubenssätze zu heilen, sondern ihre Wurzeln zu beseitigen. Du wirst feststellen, dass sich dein Selbstbild und deine Energie spürbar verändern.

Selbsthypnose für die tägliche Transformation

Selbsthypnose ist eine Form der Selbstermächtigung, die dir erlaubt, unabhängig und jederzeit Zugang zu deinem Unterbewusstsein zu bekommen. Du kannst sie nutzen, um deine Schwingung zu erhöhen, Stress abzubauen, Ziele zu erreichen oder sogar körperliche Heilung zu unterstützen.

Anleitung zur Selbsthypnose für die tägliche Praxis

1. Finde einen ruhigen Ort, setze dich bequem hin und schließe die Augen.
2. Atme tief ein und aus, während du dich auf deinen Atem konzentrierst. Zähle innerlich von 100 bis 1, um dich in einen tiefen Entspannungszustand zu versetzen.
3. Visualisiere einen sanft rotierenden Wirbel aus Licht, der sich über deinem Kopf öffnet und dich in einen Zustand tiefer Trance versetzt.
4. Wiederhole leise eine kraftvolle Affirmation, wie „Ich bin voller Energie und Vitalität" oder „Ich bin erfolgreich in allem, was ich tue."
5. Visualisiere die Affirmation, als wäre sie bereits Realität. Spüre die Gefühle, die damit verbunden sind – Freude, Erfüllung, Dankbarkeit.
6. Nach 10-15 Minuten zählst du langsam von 1 bis 5, um dich wieder zu wecken und öffne deine Augen. Spüre die Energie und Klarheit in dir.

Mit regelmäßiger Selbsthypnose wirst du feststellen, dass sich dein inneres und äußeres Leben positiv verändert. Du wirst mehr Klarheit, Fokus und innere Ruhe gewinnen.

Die „hypnotische Zeitreise" – Nutze Hypnose, um Vergangenheit und Zukunft zu transformieren

Hypnose kann dich auch auf eine Reise durch die Zeit mitnehmen – sowohl in deine Vergangenheit als auch in deine Zukunft. Diese Technik hilft dir, alte Wunden zu heilen und deine Zukunft bewusst zu programmieren.

Anleitung zur hypnotischen Zeitreise

1. Setze dich in einen bequemen Stuhl und schließe die Augen.
2. Stelle dir vor, dass du in einem Zeitreise-Raum sitzt, mit zwei Türen – eine führt zur Vergangenheit, die Andere zur Zukunft.
3. Wähle die Tür zur Vergangenheit, wenn du alte Traumata heilen möchtest, oder die Tür zur Zukunft, um deine Ziele zu manifestieren.
4. Gehe durch die Tür und stelle dir vor, dass du dein jüngeres oder zukünftiges Selbst triffst.
5. Schicke deinem jüngeren Selbst Liebe und Heilung oder verbinde dich mit deinem zukünftigen Selbst und nimm die Energie deines erfüllten Lebens auf.
6. Atme tief ein und spüre die Veränderungen, die sich in deinem Energiefeld vollziehen.

Diese Technik gibt dir die Möglichkeit, sowohl deine Vergangenheit zu transformieren als auch deine Zukunft aktiv zu gestalten. Viele Menschen berichten, dass sie nach dieser Übung eine tiefere Klarheit und eine starke innere Ausrichtung spüren.

Hypnose als Krönung deiner energetischen Transformation

Du hast nun die tiefsten und mächtigsten Techniken kennengelernt, die dir helfen, dein Leben zu transformieren – von energetischer Meisterschaft bis hin zur Nutzung deines Unterbewusstseins durch Hypnose. Hypnose ist die letzte Stufe, die alle deine bisherigen Fähigkeiten vertieft und dir die volle Kontrolle über deine innere Welt gibt.

Im nächsten Kapitel werden wir uns darauf konzentrieren, wie du alle diese Techniken im Alltag kombinierst, um ein Leben voller Fülle, Freude und innerem Frieden zu führen. Wir werden auch spezifische Beispiele und Erfolgsgeschichten betrachten, die dich inspirieren und motivieren, deinen eigenen Weg fortzusetzen.

Bist du bereit, das nächste Kapitel deines Lebens zu schreiben? Deine Reise zur inneren Meisterschaft geht weiter – und du bist der Schöpfer deiner Realität!

Kapitel 11: Wissenschaftliche Durchbrüche und außergewöhnliche Fallstudien – Wie die Macht deine Gedanken und Hypnose dein Leben radikal transformieren können

Nun, da du die mächtigen Werkzeuge der Hypnose, energetischen Techniken und Selbstprogrammierung kennengelernt hast, wollen wir einen Schritt weiter gehen und die wissenschaftlichen Belege für diese Konzepte erforschen.

In diesem Kapitel werde ich dir weniger bekannte, aber wissenschaftlich fundierte Erkenntnisse vorstellen, die die Macht deiner Gedanken, deiner Schwingung und deines Unterbewusstseins untermauern. Du wirst von außergewöhnlichen Fallstudien und echten Beispielen erfahren, die belegen, wie ihre Menschen ihr Leben transformiert haben – selbst in scheinbar hoffnungslosen Situationen.

Die Wissenschaft hinter der Gedankenfrequenz – Der „Placebo-Gen-Effekt"

In den letzten Jahrzehnten haben Wissenschaftler festgestellt, dass unser Gehirn nicht nur unsere Gedanken und Emotionen beeinflusst, sondern auch die Gene in unseren Zellen aktivieren oder deaktivieren kann. Dr. Bruce Lipton, Zellbiologe und Autor von „Biology of Belief", hat durch seine Forschung gezeigt, dass Glaubenssätze und Gedanken unsere DNA-Struktur beeinflussen können – ein Konzept, das oft als „ Placebo-Gen-Effekt " bezeichnet wird.

Dr. Lipton stellte fest, dass unsere Zellen nicht durch unsere Gene, sondern durch die Signale aus unserem Umfeld und unsere Gedanken gesteuert werden. Das bedeutet, dass positive Überzeugungen und visualisierte Heilungsprozesse die biochemischen Reaktionen in deinem Körper verändern und deine Selbstheilungskräfte aktivieren können.

Beispiel: In einer klinischen Studie an der Universität von Ohio wurde eine Gruppe von Patienten, die an chronischen Rückenschmerzen litten, eine scheinbare „Spritze" mit einem starken Schmerzmittel verursacht. In Wirklichkeit erhielten sie jedoch nur Kochsalzlösung. 80 % der Teilnehmer berichteten von einer signifikanten Schmerzlinderung – allein aufgrund ihrer Überzeugung, dass sie behandelt wurden. Ihre Gedanken hatten biochemische Prozesse ausgelöst, die ihre Schmerzen linderten.

Was bedeutet das für dich? Wenn du deine Gedanken und Glaubenssätze gezielt beeinflusst – sei es durch Hypnose, Affirmationen oder Visualisierungen – kannst du die epigenetischen Schalter in deinem Körper aktivieren und deine Gesundheit und dein Wohlbefinden verbessern.

Hypnose und das Quantenfeld – Die erstaunlichen Ergebnisse des „Global Consciousness Project"

Ein wenig bekanntes, aber faszinierendes Experiment ist das Global Consciousness Project (GCP), das an der Princeton University ins Leben gerufen wurde. Dieses Projekt erforscht, wie kollektive Gedanken und Emotionen das Quantenfeld der Erde beeinflussen können. Die Forscher nutzen sogenannte „Random Number Generators" (RNGs), die zufällige Zahlenfolgen erzeugen. Theoretisch sollten diese Zahlenfolgen vollkommen zufällig sein – doch die Forscher entdeckten, dass sich die RNGs systematisch veränderten, wenn weltweit ein starkes kollektives emotionales Ereignis stattfand, wie die Terroranschläge am 11. September 2001.

Ein weiteres Beispiel:

In den 1980er Jahren ereignete sich ein bemerkenswertes Ereignis an Bord eines Passagierflugzeugs. Während des Fluges wurde ein Film gezeigt, in dem ein Flugzeugabsturz stattfand. Die Passagiere an Bord sahen die Szene auf ihren Bildschirmen erscheinen und waren stark emotional beteiligt. Kurz darauf meldeten die Piloten technische Probleme und das Flugzeug geriet tatsächlich in Turbulenzen. Was zunächst wie ein Zufall schien, entwickelte sich zu einer ernsthaften Situation: Das Flugzeug musste eine Notlandung durchführen. Zum Glück kamen alle Passagiere sicher am Boden an. Forscher, die den Vorfall untersuchten, stellten eine bemerkenswerte Verbindung fest: Die kollektiven Ängste und die starke emotionale Energie der Passagiere könnten das Flugzeug energetisch beeinflusst haben. Sie spekulierten, dass die kraftvolle Konzentration auf dem Bild eines abstürzenden Flugzeugs im Film ein Art „mentales Energiefeld" erzeugt haben könnte, das die Stabilität des Flugzeugs beeinträchtigen könnte.

Dieses Beispiel wird oft herangezogen, um die kollektiven Machtgedanken und die Auswirkungen emotionaler Energie auf die physische Realität zu verdeutlichen.

Es zeigt, wie unsere Gedanken und die von uns projizierten Energien nicht nur unseren Körper, sondern möglicherweise auch unsere Umgebung beeinflussen können – ein Konzept, das sowohl in der Quantenphysik als auch in der Psychologie untersucht wird.

Was hat das mit Hypnose und deinen Gedanken zu tun?
Diese Forschung zeigt, dass deine Gedanken und Überzeugungen nicht nur deinen Körper, sondern auch die Umwelt um dich herum beeinflussen können. Hypnose stärkt deine Fähigkeit, deine Schwingung bewusst zu steuern und damit nicht nur dein eigenes Leben, sondern auch das Energiefeld um dich herum zu verändern.

Übung: Die „Quanten-Hypnose zur Feldbeeinflussung"

1. Setze dich in eine ruhige Umgebung, schließe die Augen und entspanne dich.
2. Visualisiere, dass du dich in einem unendlichen Feld aus Licht befindest – das Quantenfeld, das alles Leben durchdringt.
3. Stelle dir vor, dass du durch deine Gedanken und Gefühle von positiver Energie in dieses Feld sendest.
4. Wiederhole die Affirmation: „Ich bin eins mit dem Universum/Quantenfeld. Meine Gedanken schaffen Realität."
5. Visualisiere, wie diese Wellen nicht nur dein eigenes Leben, sondern auch das Leben anderer Menschen positiv beeinflussen.

Diese Übung hilft dir, deine Schwingung mit dem kollektiven Bewusstsein zu synchronisieren und positive Veränderungen in deinem Umfeld zu bewirken.

Die Kraft der Hypnose bei chronischen Erkrankungen – Das „Mount Sinai Experiment"

Ein weiteres bemerkenswertes Beispiel für die transformative Kraft der Hypnose stammt vom Mount Sinai Hospital in New York, wo Hypnose zur Behandlung von Patienten mit schwerer rheumatoider Arthritis eingesetzt wurde. Diese Patienten litten unter chronischen Schmerzen und hatten auf konventionelle Behandlungen nicht reagiert.

Die Methode: Die Patienten wurden regelmäßig in eine hypnotische Trance versetzt und angewiesen, sich vorzustellen, wie ein kühles, heilendes Licht ihre entzündeten Gelenke durchströmte und die Schmerzen lindert. Nach nur sechs Wochen berichteten 70 % der Patienten von einer deutlichen Schmerzreduktion und viele konnten ihre Medikation reduzieren.

Wissenschaftliche Erklärung: Hypnose versetzt das Gehirn in einen Zustand, in dem die Produktion von Endorphinen und schmerzlindernden Neurotransmittern erhöht wird. Dies kann die Wahrnehmung von Schmerz reduzieren und den Heilungsprozess beschleunigen. Zudem verändert Hypnose die Neuroplastizität des Gehirns, wodurch das Schmerzgedächtnis überschrieben wird.

Hypnose für geistige Leistungssteigerung – Die „Olympischen Hypnose-Programme"

Hypnose wird nicht nur zur Heilung, sondern auch zur Steigerung der Leistungsfähigkeit genutzt. Viele Spitzensportler, darunter das US-amerikanische Olympiateam, setzen Hypnose ein, um ihre Leistung zu maximieren. Einer der bekanntesten Fälle ist der Schwimmer Michael Phelps , der sich regelmäßig in Trance versetzte, um sich jedes Detail seiner Wettkämpfe vorzustellen. Wie oben schon erwähnt.

Weshalb funktioniert das? In der Hypnose werden mentale Bilder so realistisch, dass das Gehirn keinen Unterschied zwischen der Vorstellung und der tatsächlichen Ausführung macht. Dies verstärkt die neuronalen Verbindungen, die für die Leistung erforderlich sind und bereitet den Körper auf Höchstleistungen vor.

Übung: Die „Leistungs-Hypnose für mentale Stärke"

1. Schließe die Augen und atme tief ein und aus, bis du dich in einem entspannten Zustand befindest.
2. Visualisiere eine Situation, in der du Höchstleistungen erbringen möchtest – sei es ein sportlicher Wettkampf, eine berufliche Präsentation oder ein kreatives Projekt.
3. Stelle dir jeden Schritt im Detail vor: Wie du dich fühlst, was du siehst, wie du dich bewegst....
4. Wiederhole die Affirmation: „Ich bin konzentriert, stark und erfolgreich." Ich übertreffe meine eigenen Erwartungen."
5. Fühle die Freude und Erfüllung, als ob du bereits deinen Erfolg erreicht hast.

Diese Technik hilft dir, dein Unterbewusstsein auf Erfolg zu programmieren und deine geistige und körperliche Leistungsfähigkeit zu steigern.

Deine Gedanken als Schlüssel zur Transformation

Die Kombination aus Hypnose, energetischer Arbeit und bewusster Gedankensteuerung öffnet dir die Tür zu einem Leben, das du dir bisher nur erträumt hast.

Die wissenschaftlichen Erkenntnisse und außergewöhnlichen Fallstudien, die du hier kennengelernt hast, zeigen dir, dass es keine Grenzen gibt, außer denen, die du dir selbst setzt.

Im nächsten Kapitel werden wir uns darauf konzentrieren, wie du diese neuen Fähigkeiten in deinen Alltag integrierst, um ein Leben voller Fülle, Freude und Erfüllung zu leben. Wir werden uns auch mit der Kunst des „Flow-Zustands" beschäftigen, um kontinuierlich in einer hohen Schwingung zu bleiben.

Bist du bereit, die volle Macht deiner Gedanken zu entfesseln und dein Leben auf eine noch höhere Ebene zu heben? Dann lass uns weitermachen – die Reise geht weiter!

Kapitel 12: Die Kunst des Flow-Zustands – Wie du dein Leben auf eine höhere Frequenz bringt

Wir haben nun die tiefen Mechanismen von Hypnose, energetischer Meisterschaft und den Einfluss deiner Gedanken auf deine Realität erforscht. Doch es gibt noch eine Geheimwaffe, die dein Leben in jedem Moment transformieren kann – den Flow-Zustand. Dieser Zustand, auch als „Zone" bekannt, ist der Schlüssel zu kontinuierlicher Leistungssteigerung, Glück und innerer Erfüllung. In diesem Kapitel wirst du lernen, wie du den Flow-Zustand bewusst hervorrufen kannst, um dein Leben auf eine neue Frequenz zu bringen.

Was ist der Flow-Zustand und warum ist er so mächtig?

Der Flow-Zustand ist ein Zustand vollständiger Konzentration, in dem du dich so sehr in einer Aufgabe verlierst, dass du Zeit, Raum und dich selbst vergisst. Alles fühlt sich mühelos an und deine Handlungen geschehen wie von selbst. Der ungarische Psychologe Mihaly Csikszentmihalyi, der den Begriff „Flow" prägte, fand heraus, dass Menschen im Flow-Zustand nicht nur produktiver, sondern auch glücklicher und zufriedener sind.

Doch was passiert wirklich im Gehirn, wenn du im Flow bist?

Neurowissenschaftler haben entdeckt, dass sich das Gehirn in einem optimalen Frequenzbereich bewegt, wenn du in den Flow-Zustand eintrittst. Deine Hirnwellen wechseln in den Alpha-Theta-Bereich, ähnlich wie bei tiefer Meditation oder Hypnose. In diesem Zustand werden Glückshormone wie Dopamin und Endorphin freigesetzt, die dir ein Gefühl der Euphorie und Kreativität verleihen.

Beispiel: Viele Spitzensportler, Musiker und Künstler berichten davon, dass sie ihre besten Leistungen in einem Flow-Zustand erbringen. Der Schachmeister Garry Kasparov und der legendäre Basketballspieler Michael Jordan beschrieben den Flow-Zustand als ein Gefühl, bei dem „alles langsamer" wird und sie ihre Umgebung intuitiv kontrollieren können.

Die Wissenschaft hinter dem Flow – „Transient Hypofrontality" und Gehirnchemie

Eine der faszinierendsten Entdeckungen zum Flow-Zustand ist das Konzept der „Transient Hypofrontality". Dieser Zustand tritt ein, wenn der präfrontale Kortex – der Teil deines Gehirns, der für Selbstkritik, Sorgen und Entscheidungen verantwortlich ist – vorübergehend deaktiviert wird. Dies ermöglicht es dir, dich vollkommen auf den Moment zu konzentrieren, ohne dich von negativen Gedanken oder Ängsten ablenken zu lassen.

Wissenschaftlicher Durchbruch: Dr. Arne Dietrich von der American University in Beirut fand heraus, dass im Flow-Zustand eine erhöhte Ausschüttung von Anandamid stattfand – einem Neurotransmitter, der für Glücksgefühle und das „High" z.B. beim Laufen verantwortlich ist. Anandamid verstärkt zudem die Neuroplastizität, wodurch sich dein Gehirn schneller an neue Herausforderungen anpassen kann.

Diese wissenschaftlichen Erkenntnisse bestätigen, dass der Flow-Zustand nicht nur ein „Gefühl" ist, sondern eine messbare Veränderung in deinem Gehirn und Körper auslöst. Das bedeutet, dass du diesen Zustand bewusst ansteuern kannst, um dein volles Potenzial zu entfalten.

Wie du den Flow-Zustand bewusst erreichst – Die „3-Schritte-Flow-Formel"

Du fragst dich vielleicht: „Wie kann ich diesen Zustand im Alltag erreichen, ohne ein Spitzensportler oder Künstler zu sein?" Die gute Nachricht ist, dass jeder von uns lernen kann, den Flow-Zustand zu aktivieren – egal, ob du eine Präsentation vorbereitest, ein kreatives Projekt erfolgreich beginnst oder einfach deinen Alltag genießen möchten.

Die „3-Schritte-Flow-Formel" für deinen Alltag:

1. Vorbereitung: Schaffe den richtigen Rahmen
   - Finde deine Zone: Setze dir ein klares Ziel, das dich herausfordert, aber nicht überfordert. Dies könnte eine kreative Aufgabe, ein berufliches Projekt oder eine sportliche Aktivität sein.
   - Eliminiere Ablenkungen: Schalte Benachrichtigungen auf deinem Handy aus, schließe die Tür und sorge dafür, dass du ungestört bist. Der Flow-Zustand erfordert tiefe Konzentration.

2. Eintreten in den Flow: Nutze Atem- und Visualisierungstechniken

  - Atemtechnik: Atme tief ein und aus, zähle beim Einatmen bis 4 und beim Ausatmen bis 6. Dies hilft dein Nervensystem, in einen entspannten Zustand zu bringen.
  - Visualisiere deinen Erfolg: Stelle dir vor, wie du die Aufgabe mühelos und mit Freude erledigst. Spüre die Emotionen, die mit deinem Erfolg verbunden sind.

3. Flow ausgeführt: Den kritischen Verstand abschalten

  - Vermeide Multitasking: Konzentriere dich auf eine Aufgabe in dieser Zeit. Wenn du dich vollständig auf eine Tätigkeit fokussierst, fällt es dir leichter, in den Flow zu kommen.
  - Verwende positive Trigger: Höre Musik ohne Worte oder setze dir kleine Belohnungen, um dich zu motivieren. Das Gehirn liebt positive Verstärkung und wird schneller in den Flow-Zustand eintreten.

Der weltbekannte Schriftsteller Haruki Murakami nutzt eine strenge Routine, um jeden Morgen in den Flow-Zustand zu kommen. Er steht um 4 Uhr auf, läuft jeden Tag 10 Kilometer und meditiert, bevor er mit dem Schreiben beginnt. Diese Disziplin hilft ihm, sich tief mit seinem kreativen Prozess zu verbinden.

Flow und Hypnose – Die perfekte Kombination für tiefe Transformation

Jetzt, wo du verstehst, wie du den Flow-Zustand bewusst erreichen kannst, wollen wir einen Schritt weiter gehen und ihn mit Hypnose kombinieren. Hypnose versetzt dein Gehirn in den Alpha-Theta-Zustand, der dem Flow-Zustand ähnelt, jedoch noch tiefer geht. Wenn du die beiden Techniken kombinierst, kannst du mentale Blockaden auflösen, dein Unterbewusstsein neu programmieren und deine Leistung auf ein völlig neues Level heben.

Übung: „Hypno-Flow-Technik"

1. Finde einen ruhigen Ort, setze dich bequem hin und schließe die Augen.
2. Atme tief ein und aus, um in einen entspannten Zustand zu gelangen.
3. Visualisiere, dass du dich auf einer Welle aus Licht befindest, die dich in den Flow-Zustand trägt. Spüre, wie alle Ablenkungen und Sorgen verschwinden.
4. Wiederhole in Gedanken eine positive Affirmation, wie „Ich bin vollkommen konzentriert und in meiner höchsten Schwingung".
5. Stelle dir vor, wie du die gewünschte Aufgabe mühelos und mit Freude bewältigst. Spüre die Energie, die durch deinen Körper fließt, während du im Flow-Zustand arbeitest.

Diese Technik hilft dir, den Flow-Zustand und Hypnose zu kombinieren, um tiefere Ebenen deines Potenzials zu erreichen und deine Gedankenfrequenz auf ein Höchstmaß zu bringen.

Das Abenteuer der Selbstentfaltung geht weiter

Du hast nun die Fähigkeit erlernt, in den Flow-Zustand einzutreten, deine Gedanken und Emotionen gezielt zu steuern und sogar Hypnose als Werkzeug für tiefere Transformationen zu nutzen. Doch das ist noch nicht das Ende – es ist erst der Anfang deiner Reise.

Im nächsten Kapitel werden wir uns mit der Verbindung zwischen Herz und Intuition beschäftigen und wie du deine innere Führung aktivierst, um Entscheidungen zu treffen, die mit deinem höchsten Selbst im Einklang sind. Denn letztendlich geht es nicht nur darum, dein Leben zu meistern, sondern es in vollen Zügen zu genießen.

Bist du bereit, tiefer in dein wahres Potenzial einzutauchen? Die Reise geht weiter – und das Beste kommt noch!

Kapitel 13: Die Kunst der Intuition und Herzintelligenz – Deine innere Führung aktivieren

Du hast jetzt ein umfassendes Verständnis für die Macht deiner Gedanken, Hypnose und energetischen Techniken erlangt. Nun ist es an der Zeit, die Fähigkeit zu entwickeln, intuitiv und aus dem Herzen zu leben, sodass du dein volles Potenzial ausschöpfen kannst.

In diesem Kapitel gehen wir einen Schritt weiter: Wir werden die Geheimnisse der Intuition und Herzintelligenz ergründen und du erhältst praktische Methoden, um deine innere Führung bewusst zu nutzen.
Intuition ist nicht einfach nur ein Gefühl – es ist eine tiefere Weisheit, die aus deinem Herzen kommt und dich mit der Wahrheit deines Wesens verbindet.

Das Ziel dieses Kapitels ist es, dir zu zeigen, wie du Zugang zu dieser Weisheit erhältst, um in deinem Alltag klarer, effektiver und mit mehr Leichtigkeit zu agieren.

Die wahre Natur der Intuition – Mehr als nur ein Bauchgefühl

Die Fähigkeit zur Intuition ist tief in unserer Biologie verankert. Studien des HeartMath Institute zeigen, dass Intuition nicht nur eine geistige Fähigkeit ist, sondern auch mit dem Herzfeld zusammenhängt. Dein Herz empfängt Informationen aus deiner Umgebung und kann sie verarbeiten, bevor dein Verstand überhaupt darauf reagiert. Das Herz kann tatsächlich elektrische Signale empfangen und senden, die über den Körper hinausgehen und Informationen über die Umgebung einfangen.

Wissenschaftlicher Einblick: Forscher fanden heraus, dass Menschen oft intuitiv auf Ereignisse reagieren, die Sekunden später eintreten – ein Phänomen, das als „präkognitive Intuition" bezeichnet wird. Dein Herz scheint auch eine Art „Antenne" zu sein, die Informationen aus dem Energiefeld um dich herum aufnimmt, noch bevor dein Gehirn sie analysieren kann.

Doch wie kannst du diese tiefe innere Weisheit anzapfen und sie bewusst nutzen, um bessere Entscheidungen zu treffen und dein Leben in Einklang zu bringen?

Die „Herz-Puls-Intuitionstechnik" – Verbinde dich mit deinem inneren Wissen

Um deine Intuition zu stärken, musst du lernen, die subtilen Signale deines Herzens zu erkennen. Die „Herz-Puls-Intuitionstechnik" ist eine einfache, aber kraftvolle Methode, um deine intuitive Weisheit zu aktivieren.

Anleitung: Herz-Puls-Intuitionstechnik

1. Setze dich ruhig hin und schließe die Augen. Atme tief ein und aus, bis du entspannt bist.
2. Lege eine Hand auf dein Herz und fühle deinen Herzschlag. Spüre, wie sich dein Herz bei jedem Puls ausdehnt und zusammenzieht.
3. Denke an eine Frage oder Entscheidung, die du treffen musst.
4. Achte auf deinen Herzschlag: Wenn dein Herzschlag sich beruhigt und gleichmäßig anfühlt, deutet dies darauf hin, dass die Antwort positiv ist. Wenn du jedoch einen Anstieg in der Herzfrequenz oder einen Unbehagen verspürst, könnte das ein Zeichen sein, dass du noch einmal darüber nachdenken solltest.
5. Über diese Technik täglich, um deine Fähigkeiten zu stärken, die Signale deines Herzens zu interpretieren.

Diese Methode ermöglicht es dir, intuitiv zu erkennen, was wirklich mit deinem höchsten Wohl übereinstimmt. Du wirst merken, dass deine Entscheidungen klarer und weniger von Zweifeln geprägt sind.

Die „Innere Stimmen-Unterscheidung" – Welche Stimme spricht wirklich zu dir?

Nicht jede innere Stimme ist eine Botschaft deiner Intuition. Oft ist unser Verstand laut, kritisch und voller Ängste. Die Kunst besteht darin, die Stimme deines Herzens von der des Verstandes zu unterscheiden.

Übung: Die „Stimmen-Unterscheidungstechnik"

1. Denke an eine aktuelle Herausforderung in deinem Leben.
2. Schreibe auf, was dein Verstand dir über die Situation sagt. Diese Stimme ist oft kritisch, analytisch oder besorgt.
3. Schließe nun die Augen und konzentriere dich auf dein Herz. Frage: „Was sagt mein Herz dazu?" Schreibe die Antwort auf.
4. Vergleiche die beiden Antworten. Die Stimme deines Herzens wird oft ruhig, sanft und unterstützend sein, während der Verstand eher kritische oder ängstliche Gedanken hervorbringt.

Viele erfolgreiche Unternehmer, darunter Steve Jobs, haben darauf vertraut, dass die Entscheidungen, die sich „richtig" anfühlen, oft die besten sind, auch wenn sie rational schwer zu begründen sind.

Die „Herz-Gehirn-Synchronisation" – Nutze deine Herzintelligenz, um Klarheit zu gewinnen

Die „Herz-Gehirn-Synchronisation" ist eine Technik, die dir hilft, die Kommunikation zwischen deinem Herzen und deinem Gehirn zu verbessern, sodass du klarere intuitive Einsichten erhältst. Studien haben gezeigt, dass die Herz-Hirn-Kohärenz nicht nur dein Wohlbefinden steigert, sondern auch deine Fähigkeit verbessert, intuitive Entscheidungen zu treffen.

Anleitung zur Herz-Gehirn-Synchronisation:

1. Finde einen ruhigen Ort und schließe die Augen.
2. Atme tief ein und stelle dir vor, dass du direkt durch dein Herz ein- und ausatmest.
3. Visualisiere, dass dein Herz und dein Gehirn durch einen Lichtstrahl verbunden sind. Spüre, wie sie sich synchronisieren.
4. Denke an eine Frage oder Entscheidung und erlaube deinem Herz und Gehirn, gemeinsam eine Antwort zu finden.
5. Warte auf die Antwort in Form von Gefühlen, Bildern oder inneren Eingebungen.

Diese Übung hilft dir, deine innere Weisheit mit deinem analytischen Verstand zu verbinden und Entscheidungen zu treffen, die mit deinem höchsten Wohl übereinstimmen.

Deine innere Führung als Schlüssel zur Transformation

Jetzt hast du gelernt, wie du die leise, aber kraftvolle Stimme deines Herzens hörst und auf deine Intuition vertraust. Dies wird dir nicht nur helfen, bessere Entscheidungen zu treffen, sondern auch dein Leben mit mehr Leichtigkeit und Freude zu gestalten. Doch die Reise geht weiter – denn wenn du deine Intuition und Herzintelligenz meisterst, öffnest du die Tür zu Möglichkeiten und Ebenen des neuen Bewusstseins.

Im nächsten Kapitel werden wir uns mit der Kunst der Manifestation befassen. Du wirst lernen, wie du deine Gedankenfrequenz und die Kraft deines Herzens nutzt, um deine Träume in die Realität zu bringen – und das auf eine Weise, die weit über das hinausgeht, was du dir bisher vorgestellt hast.

Bist du bereit, die volle Kraft deiner Manifestationsfähigkeiten zu entfalten? Und das Ende des Buches zu erleben?

Kapitel 14: Die Kunst der Manifestation – Dein endgültiger Aufbruch zu einem Leben in Fülle

Wir haben nun eine tiefe Reise durch die Macht deiner Gedanken, die Kraft der Hypnose, die Möglichkeiten des Flow-Zustands und die Weisheit deiner Herzintelligenz unternommen. Jetzt ist es an der Zeit, alles zusammenzuführen, um dein Leben auf die nächste Ebene zu heben. In diesem letzten Kapitel werden wir die Techniken bündeln und dich in die Lage versetzen, deine Träume und Wünsche in die Realität zu manifestieren. Dies ist dein endgültiger Aufbruch – dein Moment, das Gelernte in der Tat umzusetzen und dein volles Potenzial zu leben.

Eine kraftvolle Zusammenführung – Die ultimative Manifestationstechnik
Du hast bereits viele einzelne Werkzeuge kennengelernt, aber der wahre Zauber entsteht, wenn du sie gemeinsam einsetzt. Die folgende Manifestationstechnik ist eine Kombination aus Visualisierung, Herz-Hirn-Kohärenz und Hypnose. Diese Methode ist darauf ausgelegt, deine Gedankenfrequenz, dein Unterbewusstsein und deine Herzintelligenz so zu vereinen, dass du deine Ziele auf kraftvolle Weise manifestierst.

Anleitung: Die „Manifestations-Integrationstechnik"

1. Finde einen ruhigen, ungestörten Ort und setze dich bequem hin.

2. Lege eine Hand auf dein Herz und schließe die Augen. Atme tief ein und aus, bis du dich zentriert fühlst.

3. Visualisiere deinen größten Traum oder ein Ziel, das du erreichen möchtest. Stelle es dir so lebendig wie möglich vor – als wäre es bereits deine Realität.

4. Während du visualisierst, lenke deine Aufmerksamkeit auf dein Herz. Spüre, wie dein Herz in einem harmonischen Rhythmus schlägt und wie sich dein Herzfeld ausdehnt.

5. Füge eine positive Affirmation hinzu, die deine Vision verstärkt, z.B. „Ich lebe in Fülle und Erfolg" oder „Ich ziehe Gesundheit und Glück in meinem Leben".

6. Vertiefe dich in diesen Zustand für 5-10 Minuten und lasse die Gefühle der Freude und Dankbarkeit durch deinen Körper strömen.

7. Beende die Übung mit der Affirmation: „Meine Gedanken, Worte und Handlungen sind im Einklang mit meinem höchsten Selbst."

Diese Technik vereint alle herkömmlichen Methoden und hilft dir, deine Ziele zu manifestieren, indem du deine Gedankenfrequenz und dein Herzfeld synchronisierst. Übe diese Manifestation täglich, um deine Träume kontinuierlich in die Realität zu ziehen.

Gedankenhygiene – Die vernachlässigte Schlüsseltechnik zur Selbstverwirklichung

Wir reinigen unsere Kleidung, laden unsere Handys auf, tanken unser Auto und putzen unsere Zähne. Doch wie oft nehmen wir uns Zeit für die Hygiene unserer Gedanken? Tatsächlich hören wir bis zu unserem 18. Lebensjahr schätzungsweise 180.000 negative Glaubenssätze, wie „Du kannst das nicht", „Das ist zu schwer", „Das wird nie funktionieren", "Du bist zu klein" ...

Diese negativen Botschaften prägen unser Unterbewusstsein und beeinflussen, wie wir über uns selbst und die Welt denken.

Aber was passiert, wenn du deine Gedanken nie bewusst reinigst? Wenn du niemals inne hältst, um deine mentalen Muster zu hinterfragen und zu erneuern? Deine Gedanken sind wie ein Garten – ohne Pflege überwuchern ihn negative Glaubenssätze und Selbstzweifel wie Unkraut.

Übung: „Gedanken-Dusche" für die tägliche mentale Reinigung

1. Jeden Abend, bevor du einschläfst, schließe die Augen und atme tief ein und aus.
2. Stelle dir vor, dass ein sanfter Lichtregen über dich abfällt und alle negativen Gedanken und Sorgen des Tages wegspült.
3. Wiederhole innerlich eine Affirmation wie „Ich lasse alle negativen Gedanken los und öffne mich für positive Energie."
4. Fühle, wie dein Geist klarer wird und du mit einem Gefühl der Leichtigkeit in den Schlaf gehst.

Diese Übung hilft dir, den mentalen „Müll" des Tages loszuwerden, sodass du mit einer klaren, positiven Energie in den nächsten Tag starten kannst.

Abschlussmeditation – Deine Reise der Selbstverwirklichung

Lass uns alle das Gelernte in einer letzten Meditation bündeln, die dich auf deinem weiteren Weg begleiten wird. Diese Meditation soll dir helfen, jederzeit auf dein inneres Potenzial zuzugreifen und die Verbindung zu deinem Herzen und deinem höchsten Selbst zu stärken.

Anleitung zur Abschlussmeditation:

1. Setze dich bequem hin, schließe die Augen und atme tief ein und aus.
2. Stelle dir vor, dass du in einem weiten, leuchtenden Raum stehst – umgeben von goldenem Licht.
3. Visualisiere, dass alle deine Ziele und Träume in diesem Licht enthalten sind. Du kannst sie bereits fühlen und berühren.
4. Lege eine Hand auf dein Herz und wiederhole die Affirmation: „Ich bin der Schöpfer meiner Realität." Meine Gedanken, Worte und Handlungen sind voller Kraft."
5. Spüre, wie dein Herz und dein Verstand in perfekter Harmonie schwingen. Lasse dieses Gefühl in jede Zelle deines Körpers strömen.
6. Beende die Meditation mit einem tiefen Atemzug und einem inneren Lächeln. Spüre die Freude und Dankbarkeit für die Reise, die du begonnen hast.

Abschließende Worte: Dein neues Leben beginnt jetzt

Du hast nun alle Werkzeuge und Techniken, die du benötigst, um ein Leben in Fülle, Freude und Freiheit zu erschaffen. Du hast gelernt, deine Gedankenfrequenz zu erhöhen, dein Unterbewusstsein zu programmieren, deine Herzintelligenz zu nutzen und deine Träume in der Realität zu manifestieren. Doch die wahre Reise beginnt jetzt – in dem Moment, in dem du dich entscheidest, dieses Wissen in die Tat umzusetzen.

Stelle dir vor, wie dein Leben aussehen wird, wenn du jeden Tag bewusst deine Gedanken, deine Worte und deine Energie lenkst. Du bist der Schöpfer deiner Realität und es gibt keine Grenzen, außer denen, die du dir selbst setzt.

Das Gehirn repariert sich nur in der Stille – es ist der Moment, in dem Gedanken zur Ruhe kommen und der Raum für Heilung entsteht.

„In der Stille findest du nicht nur die Antworten, die du suchst, sondern auch die Kraft, die dich heilt."

Schließe die Augen, atme tief ein und sage dir:
„Ich bin bereit. Mein neues Leben beginnt jetzt."

Die Welt wartet auf deine einzigartige Frequenz – geh hinaus und lebe das Leben, das du dir schon immer erträumt hast.

Danke, dass du diese Reise angetreten bist. Jetzt ist es an der Zeit, die Welt mit deiner inneren Kraft zu erleuchten.

„Dein wahres Potenzial entfaltet sich nicht, wenn du suchst, was dir fehlt, sondern wenn du erkennst, dass alles, was du brauchst, bereits in dir schlummert."

„Du bist nicht das, was dir widerfahren ist." Du bist das, was du aus deinen Gedanken, deinen Träumen und deinem Mut erschaffst."

„Wahre Veränderung beginnt, wenn du aufhörst, gegen das Alte zu kämpfen, und stattdessen das Neue erschaffst."

„Verändere dein ICH, entfalte dein SEIN" war eine transformative Reise, die dir gezeigt hat, wie du die Kraft deiner Gedanken, deine Herzintelligenz und innere Energie nutzen kannst, um dein Leben nachhaltig zu verändern. Mit wissenschaftlich fundierten Erkenntnissen und tiefgehenden Techniken wie dem Schattentanz, der Revisionstechnik und dem Zukunftskreis hast du praxisnahe Werkzeuge erhalten, um deine Realität bewusst zu gestalten.

Du hast erfahren, wie dein Herz mehr Signale an dein Gehirn sendet als umgekehrt und wie diese Verbindung dein Denken, Fühlen und Handeln beeinflusst. Außerdem hast du gelernt, warum Gedankenhygiene so wichtig ist – so wie das regelmäßige Waschen deiner Kleidung oder das Aufladen deines Handys.

Dieses Buch richtet sich an alle, die ihr volles Potenzial entfalten möchten – ob rationaler Denker, Unternehmer, Sportler oder spirituell Suchender. Es bot dir inspirierende Beispiele und praxisorientierte Übungen, die dir geholfen haben, dein altes ICH loszulassen und ein neues SEIN zu entfalten.

www.ingramcontent.com/pod-product-compliance
Ingram Content Group UK Ltd.
Pitfield, Milton Keynes, MK11 3LW, UK
UKHW032220171224
452513UK00011B/666